Karl-Hans Seyler

Aufsatz-
korrektur

zügig und gerecht

5. - 10. Jahrgangsstufe

umweltfreundlich

auf
chlorfreiem
Papier

Copyright: pb-verlag · 82178 Puchheim · 2005

ISBN 3-89291-523-7

Vorwort

Die Korrektur von Aufsätzen gehört mit zu den schwierigsten Aufgaben, die sich dem Lehrer stellen. Er muss sich mit vielen verschiedenen Aufsatzarten auseinandersetzen und dadurch auch „unterschiedlich" korrigieren. Dazu kommt noch das Problem der Gewichtung von Inhalt und Sprache, die jeder Lehrer unterschiedlich beurteilt.

Mit Hilfe dieses Buches werden Sie

❶ **zügiger** korrigieren

❷ **gerechter** bewerten

❸ **Transparenz** schaffen

❹ Ihren Schülern **individuelle Hilfen** geben können

❺ die Aufsatzleistung Ihrer Schüler **verbessern**

❻ in kürzester Zeit über die wichtigen Aufsatzarten **informiert sein**

In jeder Sequenz werden folgende Materialien angeboten:

❶ **Das Merkblatt zur passenden Aufsatzart mit Lösungsblatt**

Es ist nach der Erarbeitung in der Klasse für die Hand des Schülers bestimmt.

❷ **Das Bewertungsblatt zur passenden Aufsatzart**

Dieses ist in einen inhaltlichen und einen sprachlichen Teil untergliedert. Beide Bereiche sind gleich gewichtet. Die maximal zu vergebenden Punkte stehen in Klammern hinter den einzelnen Bewertungskriterien. Die tatsächlich erreichten Punkte tragen Sie rechts am Rand auf die Striche ein. Eine Bewertungsskala ist immer dabei. Sie finden diese auf dem Bewertungsblatt ganz unten. Auch dieses Blatt ist für die Hand des Schülers bestimmt und liegt nach Ihrer Bearbeitung dem korrigierten Aufsatz bei.

❸ **Ein korrigierter Schüleraufsatz (Aufsatz 1)**

Die Korrekturzeichen am Rand sind auf ein Minimum reduziert und können von Ihnen selbst nach Belieben modifiziert werden. Betrachten Sie die Korrekturzeichen auf der Seite 4 nur als Vorschlag. Interpunktionsfehler habe ich nur in den korrigierten Aufsätzen der 10. Jahrgangsstufe am Rand vermerkt.

❹ **Ein nicht korrigierter Schüleraufsatz (Aufsatz 2)**

Sie können diesen Aufsatz entweder selbst oder zusammen mit Ihrer Klasse korrigieren. Schüler motiviert es außerordentlich, einen Aufsatz auf „ihrem Niveau" verbessern zu dürfen.

❺ **Ein ausgefülltes Bewertungsblatt**

Das zu obigem Aufsatz ausgefüllte Bewertungsblatt ist nur ein Vorschlag.

❻ **Der korrigierte Schüleraufsatz (Aufsatz 2)**

Er dient nur zur Ihrer Kontrolle.

Viel Freude und Erfolg mit diesem Buch
wünscht Ihnen

Karl-Hans Seyler

© pb-Verlag Puchheim Aufsatzkorrektur

Inhaltsverzeichnis

Wichtigte Korrekturzeichen
(Vorschlag)

Inhalt:
⇨ ∀ -? - S
- Auslassen von Wörtern bzw. Satzteilen (∀)
- Fehlen von Kriterien wie Einleitungssatz/Basissatz, Schlusssatz und logischer Aufbau (?)
- Unklarheiten, fehlende Logik (?)
- Sachliche Fehler (S)

Sprache und Grammatik:
⇨ A - G
- Monotoner, „holpriger" Satzbau (A)
- „Bandwurmsatz" (A); † Einen neuen Satz bilden!
- Unvollständiger Satz (A)
- Fehler bei der Verwendung von Fremdwörtern (A)
- Gleichförmige Satzanfänge (A)
- Fehlen passender Konjunktionen (A)
- Falsche Satzstellung (G)
- Fehler im Fall (G)
- Fehler in der Zeitstufe (G)
- Fehler bei der Verwendung des Konjunktivs (G)
- Wiederholungen (A)

Rechtschrift:
⇨ R
- Wort-, Trennungs- und Interpunktionsfehler (R)

Form:
⇨ F
- Unzureichende Form mit zahlreichen Einfügungen, Durchstreichungen etc. (F)

Hinweise:
❶ Die Korrekturzeichen können an den Rand des Aufsatzes, aber auch über das betreffende Wort bzw. den betreffenden Satzteil gesetzt werden.
❷ Längere sprachlich oder inhaltlich schwache Passagen werden mit geringelter Linie am Rand gekennzeichnet oder unterringelt. Sie können mit einem Kommentar versehen werden.
❸ Passagen, in denen das Thema verfehlt wurde, können durchgestrichen werden, wobei als Marginalie das Wort „Thema?" erscheint.
❹ Um sich mit der Korrektur des Aufsatzes intensiv auseinandersetzen zu müssen, sollte vom Schüler grundsätzlich ein Zweitentwurf angefertigt werden.

D

Merkblatt: Erlebniserzählung

Eine Erlebniserzählung soll eine spannende Geschichte sein, die du selbst erlebt hast. Wenn du das Thema weißt, suche zuerst eine gelungene _____, die neugierig machen soll, aber nicht zu viel verraten darf. Achte darauf, dass du nur _____ Erlebnis erzählst.

❶ Inhalt:

① Einleitung

Sie darf nicht zu knapp, aber auch nicht zu ausführlich sein und soll auf das Geschehen einstimmen. Sie gibt Antwort auf folgende Fragen:

• Wo? ⇨ _____ • Wann? ⇨ _____ • Wer? ⇨ _____

② Hauptteil

Er umfasst den größten Teil der Geschichte und besteht aus der _____ und dem _____. Stufe für Stufe soll die Spannung bis zum Höhepunkt gesteigert werden. Danach soll ein schnelles _____ angestrebt werden, die Ereignisse klären sich.

③ Schluss

Er muss _____ sein, soll die Geschichte _____ und mögliche _____ andeuten. Ein Bezug zur Überschrift oder das Wiederaufgreifen eines Elementes aus der Einleitung ist möglich. Auf keinen Fall darfst du hier aber eine _____ Geschichte anfangen.

❷ Sprache:

① Die Zeitstufe der Erlebniserzählung ist die _____ (_____).

② Eine „Spannungstreppe" kannst du mit verschiedenen Tricks erzeugen:

Äußere _____. Stelle _____. Zögere die _____ hinaus.

③ Beschreibe _____, _____, _____ und _____ von Personen.

④ Gib wichtige Aussagen von Personen in der _____ Rede wieder. Achte darauf, dass der Begleitsatz nicht immer am _____ steht.

⑤ Verwende Wörter, die das _____ ausdrücken („plötzlich", „auf einmal", „im Nu").

⑥ Verwende _____ (z. B. „zitternd wie Espenlaub", „furchtbar aufgeregt", „steinhart").

⑦ Vermeide „Allerweltswörter" wie „dann", „sagen", „gut", „schön", „machen", „gehen" u. a.

⑧ Verwende _____- und _____sätze.

⑨ Vor allem treffende _____ (Adjektive) und _____ (Verben) lassen deine Geschichte lebendig werden.

⑩ Verwende verschiedene _____, nicht bloß immer „dann".

❸ Planungsschritte:

① Formuliere zuerst eine spannende _____.

② Fertige dann in _____ einen _____ an.

③ _____ nun die Stichworte und überlege, welche du genauer ausgestalten möchtest.

④ Formuliere zuerst die _____ und den _____.

⑤ Arbeite nun den _____ in sauberer und leserlicher Form aus und lese ihn genau durch.

D

Merkblatt: Erlebniserzählung (Lösung)

Eine Erlebniserzählung soll eine spannende Geschichte sein, die du selbst erlebt hast. Wenn du das Thema weißt, suche zuerst eine gelungene __Überschrift__, die neugierig machen soll, aber nicht zu viel verraten darf. Achte darauf, dass du nur __ein__ Erlebnis erzählst.

❶ Inhalt:

① Einleitung

Sie darf nicht zu knapp, aber auch nicht zu ausführlich sein und soll auf das Geschehen einstimmen. Sie gibt Antwort auf folgende Fragen:

• Wo? ⇨ __Ort__ • Wann? ⇨ __Zeit__ • Wer? ⇨ __wichtige Personen__

② Hauptteil

Er umfasst den größten Teil der Geschichte und besteht aus der __Spannungssteigerung__ und dem __Höhepunkt__. Stufe für Stufe soll die Spannung bis zum Höhepunkt gesteigert werden. Danach soll ein schnelles __Ende__ angestrebt werden, die Ereignisse klären sich.

③ Schluss

Er muss __kurz__ sein, soll die Geschichte __abrunden__ und mögliche __Folgen__ andeuten. Ein Bezug zur Überschrift oder das Wiederaufgreifen eines Elementes aus der Einleitung ist möglich. Auf keinen Fall darfst du hier aber eine __neue__ Geschichte anfangen.

❷ Sprache:

① Die Zeitstufe der Erlebniserzählung ist die __1. Vergangenheit__ (__Präteritum__).

② Eine „Spannungstreppe" kannst du mit verschiedenen Tricks erzeugen:
Äußere __Vermutungen__. Stelle __Fragen__. Zögere die __Auflösung__ hinaus.

③ Beschreibe __Gefühle__, __Gedanken__, __Gestik__ und __Mimik__ von Personen.

④ Gib wichtige Aussagen von Personen in der __wörtlichen__ Rede wieder. Achte darauf, dass der Begleitsatz nicht immer am __Anfang__ steht.

⑤ Verwende Wörter, die das __Unerwartete__ ausdrücken („plötzlich", „auf einmal", „im Nu").

⑥ Verwende __Vergleiche__ (z. B. „zitternd wie Espenlaub", „furchtbar aufgeregt", „steinhart").

⑦ Vermeide „Allerweltswörter" wie „dann", „sagen", „gut", „schön", „machen", „gehen" u. a.

⑧ Verwende __Ausrufe__ - und __Frage__ sätze.

⑨ Vor allem treffende __Eigenschaftswörter__ (Adjektive) und __Zeitwörter__ (Verben) lassen deine Geschichte lebendig werden.

⑩ Verwende verschiedene __Satzanfänge__, nicht bloß immer „dann".

❸ Planungsschritte:

① Formuliere zuerst eine spannende __Überschrift__.

② Fertige dann in __Stichworten__ einen __Erzählplan__ an.

③ __Ordne__ nun die Stichworte und überlege, welche du genauer ausgestalten möchtest.

④ Formuliere zuerst die __Einleitung__ und den __Schluss__.

⑤ Arbeite nun den __Hauptteil__ in sauberer und leserlicher Form aus und lese ihn genau durch.

D	**Thema:**	**Name:**	

Bewertungsblatt: Erlebniserzählung

I. Inhaltlicher Aspekt:

❶ Überschrift:

Sie sollte spannend formuliert sein. (2)   _____ P.

❷ Einleitung:

• In deiner Einleitung sind die W-Fragen mit Ort, Zeit und Hauptpersonen angeführt.   _____ P.
Der Umfang ist angemessen. (3)

Deine Einleitung weist folgende Mängel auf:

    O *Sie ist zu lang.*

    O *Sie nimmt Bereiche vorweg, die zum Hauptteil gehören.*

    O *Sie ist zu kurz oder fehlt ganz.*

    O *Sie hat die drei W-Fragen nicht oder nicht ausreichend berücksichtigt.*

❸ Hauptteil:

• Du hast die Spannung stufenweise gesteigert. (4)   _____ P.

• Du hast den Höhepunkt ausführlich und packend ausgeführt. (4)   _____ P.

Mängel: Dein Hauptteil ist inhaltlich nicht ganz richtig, weil du

    O *zu schnell den Höhepunkt angegangen bist und Wesentliches weggelassen hast.*

    O *den Höhepunkt nur kurz oder gar nicht erwähnt hast.*

    O *Nebensächliches in den Vordergrund gestellt hast.*

    O *zu lange brauchst, um zum Schluss zu kommen.*

❹ Schluss:

• Du kommst schnell zum Ende und rundest die Geschichte gut ab. (2)   _____ P.

Folgende Mängel sind festzustellen:

    O *Der Schluss fehlt ganz.*

    O *Er ist zu kurz oder zu lang.*

    O *Er bringt eine neue Geschichte.*

    O *Er führt Bereiche an, die zum Hauptteil gehören.*

II. Sprachlicher Aspekt:

❶ Du schreibst durchgehend spannend und in der richtigen Zeitstufe, im Präteritum. (3)   _____ P.

❷ Dein Satzbau einschließlich verwendeter Konjunktionen ist anspruchsvoll. (2)   _____ P.

❸ Du vermeidest Wiederholungen. (2)   _____ P.

❹ Du verwendest treffende Wörter, Vergleiche und wörtliche Reden. (2)   _____ P.

❺ Deine Satzanfänge sind passend und überlegt gewählt. (2)   _____ P.

❻ Du bist im grammatikalischen Bereich ziemlich sicher. (2)   _____ P.

❼ Du bist rechtschreibsicher. (2)   _____ P.

Deine Erlebniserzählung hat folgende sprachlichen Mängel:

O *falsche Zeitstufe (G)*	O *oft*	O *manchmal*
O *monotone Satzanfänge (A)*	O *häufig*	O *manchmal*
O *keine wörtlichen Reden (A)*	O *häufig*	O *manchmal*
O *„Allerweltswörter" (A)*	O *oft*	O *manchmal*
O *Wiederholungen (A)*	O *häufig*	O *manchmal*
O *grammatikalische Fehler (G)*	O *oft*	O *manchmal*
O *rechtschriftliche Probleme (R)*	O *häufig*	O *manchmal*

Erreichte Punktzahl:

_____ von 30 P.

Hinweise: Bei durchgehend falscher Zeitstufe sollte mindestens eine Notenstufe in Abzug gebracht werden.

Note:

✌ 30 - 27 = 1; ☺ 26,5 - 22,5 = 2; ☺ 22 - 18 = 3; ☹ 17,5 - 12 = 4; ☹ 11,5 - 6 = 5; 💣 5,5 - 0 = 6

Der Gewinn   Regina 5b

Am Spieltag vor ein paar Jahren fuhren mein Bruder und ich in die Stadt um Stempel zu sammeln. Wir gingen in die Reichstraße **A** hinauf und hinab, bis wir unsere Zettel voller Stempel hatten. Dann gingen wir ins Ried und **A** legten unsere Zettel in die Kiste für die Teilnehmer des Wettbewerbs. Wir fuhren mit dem Auto zur Ziehung. Bei der Verlosung fieberte ich mit, ich hörte meinen Namen. Und ich gewann mit fünf anderen Kindern. Meine Freundin Franziska wurde vor mir gezogen. Ich gewann den 1. Preis. Und ich hatte einen Freiflug gewonnen. Wir **G/A** alle mit einem Foto kamen in die Zeitung. **G/A** Ich bin an einem klaren schönen Tag geflogen. **G/A** Meine ganze Familie fuhr mit dem Auto zum Genderkinger Flugplatz. Mein Vater und ich wollten eine Maschine, wo man alles gut sehen **A/G** kann. Wir mussten noch warten. Ich und Papa, und mein Bruder flogen mit. **A** Meine Mama wollte nicht fliegen. Sie hat Fotos **A/G** gemacht. **A** Wir sind dann gestartet. Ich war Kopilotin. Wir **G** sind über ganz Donauwörth, über unser Haus **G** und über dem Bahnhof. Wir hatten eine super Aussicht. Der Flug dauerte 20 Minuten. **A** Nach 20 Minuten sind wir gelandet. **A/G** Alle sind nach der Landung ausgestiegen. Wir hatten **G** einen Piloten aus Nordheim: Michael Färber. Am besten hatte mir gefallen, dass ich Kopilotin war. Dann sind wir nach Hause gefahren und es war ein **G/A** toller Tag.

Annotations (right margin):

1 Allerweltswort
2 Passt nicht zu gehen!

3 Allerweltswort!
4 Wiederholung! Allerweltswort!

5 Wann? Genauer!

6 Spannungssteigerung? Wörtliche Reden?

7 Zeitstufe!
8 Genauer!
9 Besseren Ausdruck suchen!
10 Zeitstufe!

11 Allerweltswort!
12 Ersetze: von der aus
13 Allerweltswort!

14 Satzstellung!

15 Wiederholung!

16 Zeitstufe!

17 Zeitstufe!

18 Zeitstufe!

19 Ergänzen!

20 Modewort!

21 Wiederholung!
22 Zeitstufe!

23 Zeitstufe!

24 Zeitstufe!
25 Neuer Satz!

D	**Thema:** Ein Ferienerlebnis	**Name:** Regina S. (5b)	

Bewertungsblatt: Erlebniserzählung

I. Inhaltlicher Aspekt:

❶ Überschrift:
Sie sollte spannend formuliert sein. (2)   __1__ P.

❷ Einleitung:
• In deiner Einleitung sind die W-Fragen mit Ort, Zeit und Hauptpersonen angeführt.   __2__ P.
Der Umfang ist angemessen. (3)
Deine Einleitung weist folgende Mängel auf:
     ⊗ *Sie ist zu lang.*
     O *Sie nimmt Bereiche vorweg, die zum Hauptteil gehören.*
     O *Sie ist zu kurz oder fehlt ganz.*
     O *Sie hat die drei W-Fragen nicht oder nicht ausreichend berücksichtigt.*

❸ Hauptteil:
• Du hast die Spannung stufenweise gesteigert. (4)   __-__ P.
• Du hast den Höhepunkt ausführlich und packend ausgeführt. (4)   __1__ P.
Mängel: Dein Hauptteil ist inhaltlich nicht ganz richtig, weil du
     ⊗ *zu schnell den Höhepunkt angegangen bist und Wesentliches weggelassen hast.*
     ⊗ *den Höhepunkt nur kurz oder gar nicht erwähnt hast.*
     ⊗ *Nebensächliches in den Vordergrund gestellt hast.*
     O *zu lange brauchst, um zum Schluss zu kommen.*

❹ Schluss:
• Du kommst schnell zum Ende und rundest die Geschichte gut ab. (2)   __1__ P.
Folgende Mängel sind festzustellen:
     O *Der Schluss fehlt ganz.*
     O *Er ist zu kurz oder zu lang.*
     O *Er bringt eine neue Geschichte.*
     O *Er führt Bereiche an, die zum Hauptteil gehören.*

II. Sprachlicher Aspekt:

❶ Du schreibst durchgehend spannend und in der richtigen Zeitstufe, im Präteritum. (3)   __-__ P.
❷ Dein Satzbau einschließlich verwendeter Konjunktionen ist anspruchsvoll. (2)   __1__ P.
❸ Du vermeidest Wiederholungen. (2)   __1__ P.
❹ Du verwendest treffende Wörter, Vergleiche und wörtliche Reden. (2)   __-__ P.
❺ Deine Satzanfänge sind passend und überlegt gewählt. (2)   __1__ P.
❻ Du bist im grammatikalischen Bereich ziemlich sicher. (2)   __1__ P.
❼ Du bist rechtschreibsicher. (2)   __2__ P.

Deine Erlebniserzählung hat folgende sprachlichen Mängel:

⊗ *falsche Zeitstufe (G)*	⊗ *oft*	O *manchmal*
⊗ *monotone Satzanfänge (A)*	⊗ *häufig*	O *manchmal*
⊗ *keine wörtlichen Reden (A)*	⊗ *häufig*	O *manchmal*
⊗ *„Allerweltswörter" (A)*	⊗ *oft*	O *manchmal*
⊗ *Wiederholungen (A)*	⊗ *häufig*	O *manchmal*
O *grammatikalische Fehler (G)*	O *oft*	O *manchmal*
O *rechtschriftliche Probleme (R)*	O *häufig*	O *manchmal*

Erreichte Punktzahl:

__11__ von 30 P.

Hinweise: Bei durchgehend falscher Zeitstufe sollte mindestens eine Notenstufe in Abzug gebracht werden.

Note: **5**

✌ 30 - 27 = 1; ☺ 26,5 - 22,5 = 2; ☺ 22 - 18 = 3; ☻ 17,5 - 12 = 4; ☹ 11,5 - 6 = 5; 💣 5,5 - 0 = 6

Kayleigh
5b

Der Frühlingswald

An einem schönen Frühlingstag fuhr ich mit meiner Mutter mit dem Fahrrad durch den Wald zum Steinbruch. Die Bäume trugen ein schönes grünes Blätterkleid. Im ganzen Wald waren schöne ① weiße Buschwindröschen zu sehen. Sie standen so nah beieinander, dass man fast meinte, es wäre Schnee.

A
1 Allerweltswort!
Ersetzen!

Als wir durch den Wald fuhren, hörten wir die Vögel munter vor sich hin-zwitschern. Die Sonne blitzte durch die Ritzen des Blätterdachs. Zwei Eichhörnchen spielten vergnügt auf einem Baum Fangen. Wir genossen die warmen Sonnenstrahlen und die würzige Waldluft. Uns kamen zwei Jogger entgegen und grüßten freundlich. „Schau mal Kayleigh bei diesem schönen Wetter sind alle gut gelaunt," sagte Mami glücklich zu mir. Plötzlich sprangen zwei Rehe fröhlich über den Weg. Ich war so überrascht, dass ich gar nicht mehr auf den Weg vor mir achtete. Mami rief mir noch zu: „ „Schau lieber auf den Weg!" Da passierte

R

es. Vor mir war ein kleiner Baumstumpf. **A**
Ich versuchte noch auszuweichen, aber es **2** Durch besseres Wort ersetzen!
war schon zu spät. Es gab einen Ruck, **R**
und mein Fahrrad und ich machten einen
Salto durch die Luft. Ich lag mit meinem **A**
Fahrrad wie angewurzelt da und konnte **3** Wiederholung!
mich nicht bewegen. Der Schreck hing mir
noch in der Kehle. Mami kam angefahren
und fragte: „Ist alles O.K.?" „Ja es geht
schon wieder, aber ich habe mich sehr
erschreckt," antwortete ich.

Wir fuhren natürlich gleich wieder zurück **A**
nach dem Schrecken. Aus unserem Ausflug **4** Einen besseren Ausdruck suchen!
zum Steinbruch wurde leider nichts mehr,
weil ich mich am Knie verletzt hatte.

| **D** | **Thema:** Ein Frühlingserlebnis | **Name:** Kayleigh C. (5b) | |

Bewertungsblatt: Erlebniserzählung

I. Inhaltlicher Aspekt:

❶ Überschrift:
Sie sollte spannend formuliert sein. (2) **1** P.

❷ Einleitung:
• In deiner Einleitung sind die W-Fragen mit Ort, Zeit und Hauptpersonen angeführt. **3** P.
Der Umfang ist angemessen. (3)
Deine Einleitung weist folgende Mängel auf:
  O *Sie ist zu lang.*
  O *Sie nimmt Bereiche vorweg, die zum Hauptteil gehören.*
  O *Sie ist zu kurz oder fehlt ganz.*
  O *Sie hat die drei W-Fragen nicht oder nicht ausreichend berücksichtigt.*

❸ Hauptteil:
• Du hast die Spannung stufenweise gesteigert. (4) **3** P.
• Du hast den Höhepunkt ausführlich und packend ausgeführt. (4) **3** P.
Mängel: Dein Hauptteil ist inhaltlich nicht ganz richtig, weil du
  O *zu schnell den Höhepunkt angegangen bist und Wesentliches weggelassen hast.*
  O *den Höhepunkt nur kurz oder gar nicht erwähnt hast.*
  O *Nebensächliches in den Vordergrund gestellt hast.*
  O *zu lange brauchst, um zum Schluss zu kommen.*

❹ Schluss:
• Du kommst schnell zum Ende und rundest die Geschichte gut ab. (2) **2** P.
Folgende Mängel sind festzustellen:
  O *Der Schluss fehlt ganz.*
  O *Er ist zu kurz oder zu lang.*
  O *Er bringt eine neue Geschichte.*
  O *Er führt Bereiche an, die zum Hauptteil gehören.*

II. Sprachlicher Aspekt:

❶ Du schreibst durchgehend spannend und in der richtigen Zeitstufe, im Präteritum. (3) **3** P.
❷ Dein Satzbau einschließlich verwendeter Konjunktionen ist anspruchsvoll. (2) **1** P.
❸ Du vermeidest Wiederholungen. (2) **2** P.
❹ Du verwendest treffende Wörter, Vergleiche und wörtliche Reden. (2) **2** P.
❺ Deine Satzanfänge sind passend und überlegt gewählt. (2) **1** P.
❻ Du bist im grammatikalischen Bereich ziemlich sicher. (2) **1** P.
❼ Du bist rechtschreibsicher. (2) **2** P.

Deine Erlebniserzählung hat folgende sprachlichen Mängel:

O *falsche Zeitstufe (G)*	O *oft*	O *manchmal*
O *monotone Satzanfänge (A)*	O *häufig*	O *manchmal*
O *keine wörtlichen Reden (A)*	O *häufig*	O *manchmal*
O *„Allerweltswörter" (A)*	O *oft*	O *manchmal*
O *Wiederholungen (A)*	O *häufig*	O *manchmal*
O *grammatikalische Fehler (G)*	O *oft*	O *manchmal*
O *rechtschriftliche Probleme (R)*	O *häufig*	O *manchmal*

Erreichte Punktzahl:

24 von 30 P.

Hinweise: Bei durchgehend falscher Zeitstufe sollte mindestens eine Notenstufe in Abzug gebracht werden.

Note: **2**

✌ 30 - 27 = 1; ☺ 26,5 - 22,5 = 2; ☺ 22 - 18 = 3; ☻ 17,5 - 12 = 4; ☹ 11,5 - 6 = 5; ✹ 5,5 - 0 = 6

D	

Merkblatt: Nacherzählung

Bei einer **Nacherzählung** wird eine Geschichte im Regelfall zweimal vorgelesen.

Beim ersten Hören solltest du den _____ der Geschichte erfassen. Beim zweiten Hören solltest du auf die _____ der Erzählschritte achten.

In einer **abgewandelten Nacherzählung** kann verlangt werden, dass du die _____-_____ veränderst. Du musst dann eine Geschichte so umformulieren, dass sie z. B. aus der eigenen Sicht, also in der _____ nacherzählt wird. Das verlangt von dir hohe Konzentration gerade im _____ Bereich.

❶ Inhalt:

① Einleitung

Sie darf nicht zu knapp, aber auch nicht zu ausführlich sein und soll auf die Geschichte einstimmen. Sie gibt Antwort auf folgende Fragen:

• Wo? ⇨ _____ • Wann? ⇨ _____ • Wer? ⇨ _____

② Hauptteil

Er umfasst den größten Teil der Geschichte und besteht aus der _____ und dem _____. Stufe für Stufe soll die Spannung bis zum Höhepunkt gesteigert werden. Danach soll ein schnelles _____ angestrebt werden, die Ereignisse klären sich. Achte auf eine _____ Darstellung der Geschichte. Vermeide _____ Ausgestaltungen, die mit der Geschichte nichts mehr zu tun haben.

③ Schluss

Er muss _____ sein und soll die Geschichte _____. Der Leser muss merken, dass du die Geschichte _____ hast.

❷ Sprache:

Wie beim Inhalt sind auch bei der Sprache die Merkmale der Erlebniserzählung zu beachten. Dazu gehören u. a.:

① Zeitstufe der Nacherzählung: _____ (_____)

② Verwende die _____ Rede.

③ Beschreibe _____, _____ , _____ und _____ von Personen.

④ Verwende _____- und _____sätze.

⑤ Verwende treffende _____ und _____.

⑥ Verwende verschiedene _____.

❸ Planungsschritte:

① Höre beim Vorlesen _____ zu.

② Beachte die _____ der Erzählschritte.

③ Fertige dann in _____ einen _____ an.

④ _____ nun die Stichworte und überlege, welche du genauer ausgestalten möchtest.

⑤ Formuliere zuerst die _____ und den _____.

⑥ Arbeite nun den _____ in sauberer und leserlicher Form aus und lese ihn genau durch.

D

Merkblatt: Nacherzählung (Lösung)

Bei einer **Nacherzählung** wird eine Geschichte im Regelfall zweimal vorgelesen.
Beim ersten Hören solltest du den ____**Sinn**____ der Geschichte erfassen. Beim zweiten Hören solltest du auf die ____**Reihenfolge**____ der Erzählschritte achten.
In einer **abgewandelten Nacherzählung** kann verlangt werden, dass du die ____**Erzähl**____-____**perspektive**____ veränderst. Du musst dann eine Geschichte so umformulieren, dass sie z. B. aus der eigenen Sicht, also in der ____**Ich-Form**____ nacherzählt wird. Das verlangt von dir hohe Konzentration gerade im ____**grammatikalischen**____ Bereich.

❶ Inhalt:

① Einleitung

Sie darf nicht zu knapp, aber auch nicht zu ausführlich sein und soll auf die Geschichte einstimmen. Sie gibt Antwort auf folgende Fragen:

• Wo? ⇨ ____**Ort**____   • Wann? ⇨ ____**Zeit**____   • Wer? ⇨ ____**wichtige Personen**____

② Hauptteil

Er umfasst den größten Teil der Geschichte und besteht aus der ____**Spannungssteigerung**____ und dem ____**Höhepunkt**____. Stufe für Stufe soll die Spannung bis zum Höhepunkt gesteigert werden. Danach soll ein schnelles ____**Ende**____ angestrebt werden, die Ereignisse klären sich. Achte auf eine ____**vollständige**____ Darstellung der Geschichte. Vermeide ____**fantasievolle**____ Ausgestaltungen, die mit der Geschichte nichts mehr zu tun haben.

☾ Schluss

Er muss ____**kurz**____ sein und soll die Geschichte ____**abrunden**____. Der Leser muss merken, dass du die Geschichte ____**verstanden**____ hast.

❷ Sprache:

Wie beim Inhalt sind auch bei der Sprache die Merkmale der Erlebniserzählung zu beachten. Dazu gehören u. a.:

① Zeitstufe der Nacherzählung: ____**1. Vergangenheit**____ (____**Präteritum**____)
② Verwende die ____**wörtliche**____ Rede.
③ Beschreibe ____**Gefühle**____, ____**Gedanken**____, ____**Gestik**____ und ____**Mimik**____ von Personen.
④ Verwende ____**Ausrufe**____- und ____**Frage**____sätze.
⑤ Verwende treffende ____**Adjektive**____ und ____**Verben**____.
⑥ Verwende verschiedene ____**Satzanfänge**____.

❸ Planungsschritte:

① Höre beim Vorlesen ____**aufmerksam**____ zu.
② Beachte die ____**Reihenfolge**____ der Erzählschritte.
③ Fertige dann in ____**Stichworten**____ einen ____**Erzählplan**____ an.
④ ____**Ordne**____ nun die Stichworte und überlege, welche du genauer ausgestalten möchtest.
⑤ Formuliere zuerst die ____**Einleitung**____ und den ____**Schluss**____.
⑥ Arbeite nun den ____**Hauptteil**____ in sauberer und leserlicher Form aus und lese ihn genau durch.

| **D** | **Thema:** | **Name:** | |

Bewertungsblatt: Nacherzählung

I. Inhaltlicher Aspekt:

❶ Überschrift:

Sie sollte spannend formuliert sein und zur Erzählperspektive passen. (1) _____ P.

❷ Einleitung:

• In deiner Einleitung sind Ort, Zeit und Hauptpersonen angeführt. _____ P.
Der Umfang ist angemessen. (3)

Deine Einleitung weist folgende Mängel auf:

  O *Sie ist zu lang.*

  O *Sie nimmt Bereiche vorweg, die zum Hauptteil gehören.*

  O *Sie ist zu kurz oder fehlt ganz.*

❸ Hauptteil:

• Du hast alle wichtigen Erzählschritte aufgeführt. (3) _____ P.
• Du hast die Reihenfolge der Erzählschritte beachtet. (3) _____ P.
• Du hast die Spannung stufenweise gesteigert und den Höhepunkt herausgearbeitet. (3) _____ P.

Mängel: Dein Hauptteil ist inhaltlich nicht ganz richtig, weil du

  O *einzelne Erzählschritte weggelassen hast*

  O *die Reihenfolge der Erzählschritte nicht genau beachtet hast.*

  O *Erzählschritte fantasievoll ausgestaltet hast, die in der Erzählung nicht vorkommen.*

  O *den Höhepunkt nur kurz oder gar nicht erwähnt hast.*

  O *an manchen Stellen den Sinn der Geschichte nicht verstanden hast.*

  O *zu lange brauchst, um zum Schluss zu kommen.*

❹ Schluss:

• Du kommst schnell zum Ende und rundest die Geschichte gut ab. (2) _____ P.

Folgende Mängel sind festzustellen:

  O *Der Schluss fehlt ganz.*

  O *Er ist zu kurz.*

  O *Er ist zu lang.*

  O *Er führt Bereiche an, die zum Hauptteil gehören.*

II. Sprachlicher Aspekt:

❶ Du schreibst durchgehend spannend und in der richtigen Zeitstufe, im Präteritum. (3) _____ P.
❷ Dein Satzbau einschließlich verwendeter Konjunktionen ist anspruchsvoll. (2) _____ P.
❸ Du vermeidest Wiederholungen. (2) _____ P.
❹ Du verwendest treffende Wörter, Vergleiche und wörtliche Reden. (2) _____ P.
❺ Deine Satzanfänge sind passend und überlegt gewählt. (2) _____ P.
❻ Du bist im grammatikalischen Bereich ziemlich sicher. (2) _____ P.
❼ Du bist rechtschreibsicher. (2) _____ P.

Deine Nacherzählung hat folgende sprachlichen Mängel:

O *falsche Zeitstufe (G)*	O *oft*	O *manchmal*
O *monotone Satzanfänge (A)*	O *häufig*	O *manchmal*
O *keine wörtlichen Reden (A)*	O *häufig*	O *manchmal*
O *„Allerweltswörter" (A)*	O *oft*	O *manchmal*
O *Wiederholungen (A)*	O *häufig*	O *manchmal*
O *grammatikalische Fehler (G)*	O *oft*	O *manchmal*
O *rechtschriftliche Probleme (R)*	O *häufig*	O *manchmal*

Erreichte Punktzahl:

_____ von 30 P.

Note:

Hinweise: Bei durchgehend falscher Zeitstufe sollte mindestens eine Notenstufe in Abzug gebracht werden.

✌ 30 - 27 = 1; ☺ 26,5 - 22,5 = 2; ☺ 22 - 18 = 3; ☻ 17,5 - 12 = 4; ☹ 11,5 - 6 = 5; 💣 5,5 - 0 = 6

Die drei Beile
oder
Der Bauer und der Wassermann

Einem Bauer fiel das Beil in den Fluss. Er setzte sich bekümmert ans Ufer und weinte.

Das hörte der Wassermann. Der Bauer tat ihm leid und er brachte aus dem Fluss ein goldenes Beil. „Dein Beil!", sagte er. Der Bauer antwortete: „Nein, nicht meins." Der Wassermann zeigte ihm ein anderes, ein silbernes Beil. Der Bauer rief wieder: „Das ist nicht mein Beil." Jetzt brachte der Wassermann das richtige Beil zum Vorschein. Der Bauer bestätigte: „Das ist mein Beil." Der Wassermann schenkte ihm alle drei.

Zu Hause zeigte der Bauer die Beile seinen Kameraden und erzählte, wie es zugegangen war. Da kam ein anderer Bauer auf den Gedanken, es genauso zu machen. Er ging an den Fluss, warf absichtlich sein Beil ins Wasser, setzte sich ans Ufer und weinte. Der Wassermann brachte das goldene Beil und fragte: „Dein Beil?" Der Bauer war hocherfreut und rief: „Meins, meins!" Aber der Wassermann gab ihm weder das goldene noch das, welches er ins Wasser geworfen hatte.

Leo Toistoi

Der ehrliche Bauer und der freundliche Wassermann

Eugen 5b

Ein Bauer wollte Holz für den Winter fällen.
Dabei fiel ihm sein Beil in den Fluss. Er setzte
sich an den Bootssteg und weinte, weil er kein Beil
mehr hatte. Der Wassermann, der tief am Meeresboden
saß, sah das Beil hinuntertreiben. Er _hatte_ es aufgefangen   **G 1** Zeitstufe!
und hörte den Bauer weinen. Mitleidig kam der Wassermann
an die Wasseroberfläche. Da fragte der Bauer verwundert
und ängstlich: „Wer bist du denn?" Der Wassergeist
erwiderte: „Ich bin der Wassermann. Ich habe gehört,   **G 2** Zeitstufe!
wie du geweint hast. Hast du dein Beil verloren?"
Der Bauer sagte verzweifelt: „Ja! Ich habe mein Beil
ausversehn in den Fluss fallenlassen." Der Wassermann   **R**
zeigte ihm ein goldenes Beil und fragte: „Deins?"
Der Bauer antwortet: Nein, nicht meins." Da zeigte   **A 3** Wort vergessen!
ihm ein silbernes Beil und fragte erneut: „Deins?"
Der Bauer sprach bekümmert: „Nein, nicht meins."
Dann kam der Wassermann mit dem richtigen Beil an
das Ufer. Der Bauer rief hocherfreut: „Ja, das ist
meins!" Weil der Bauer so ehrlich gewesen war,
bekam er vom Wassermann alle drei Beile geschenkt.
Dankbar ging er zurück zu seinen Kameraden und   **A 4** Allerweltswort!
erzählte, was ihm passiert war. Ein anderer Bauer kam auf
die Idee, ebenfalls reich zu werden. Er wollte sein Beil

absichtlich in den Fluss werfen. Sogleich setzte er die ⑤

in die Tat um und warf sein Beil in den Fluss. Er ⑥

setzte sich ans Ufer und weinte bis der Wassermann ⑦

kam. Plötzlich teilte sich das Wasser und der Wassermann

kam wieder zum Vorschein. Er zeigte ihm ein goldenes

Beil und fragte: „Deins?" Habgierig rief der Bauer. „Ja,

meins, meins!" Der Wassermann gab ihm weder das

goldene noch das, was er zuvor in den Fluss geworfen

hatte. Wütend ging der Bauer wieder zurück. ⑧

Seine Habgier war vom Wassermann bestraft worden.

A	**5** Hier fehlt ein Wort!
A	**6** Wiederholung!
	7 Ereignis wird zweimal erzählt!
A	
R	
A	**8** Allerwelts- wort!

| **D** | **Thema:** Die drei Beile | **Name:** Eugen S. (5b) | |

Bewertungsblatt: Nacherzählung

I. Inhaltlicher Aspekt:

❶ Überschrift:
Sie sollte spannend formuliert sein und zur Erzählperspektive passen. (1)   <u>1</u> P.

❷ Einleitung:
• In deiner Einleitung sind Ort, Zeit und Hauptpersonen angeführt.   <u>3</u> P.
Der Umfang ist angemessen. (3)
Deine Einleitung weist folgende Mängel auf:
    O *Sie ist zu lang.*
    O *Sie nimmt Bereiche vorweg, die zum Hauptteil gehören.*
    O *Sie ist zu kurz oder fehlt ganz.*

❸ Hauptteil:
• Du hast alle wichtigen Erzählschritte aufgeführt. (3)   <u>3</u> P.
• Du hast die Reihenfolge der Erzählschritte beachtet. (3)   <u>3</u> P.
• Du hast die Spannung stufenweise gesteigert und den Höhepunkt herausgearbeitet. (3)   <u>3</u> P.
Mängel: Dein Hauptteil ist inhaltlich nicht ganz richtig, weil du
    O *einzelne Erzählschritte weggelassen hast*
    O *die Reihenfolge der Erzählschritte nicht genau beachtet hast.*
    O *Erzählschritte fantasievoll ausgestaltet hast, die in der Erzählung nicht vorkommen.*
    O *den Höhepunkt nur kurz oder gar nicht erwähnt hast.*
    O *an manchen Stellen den Sinn der Geschichte nicht verstanden hast.*
    O *zu lange brauchst, um zum Schluss zu kommen.*

❹ Schluss:
• Du kommst schnell zum Ende und rundest die Geschichte gut ab. (2)   <u>2</u> P.
Folgende Mängel sind festzustellen:
    O *Der Schluss fehlt ganz.*
    O *Er ist zu kurz.*
    O *Er ist zu lang.*
    O *Er führt Bereiche an, die zum Hauptteil gehören.*

II. Sprachlicher Aspekt:

❶ Du schreibst durchgehend spannend und in der richtigen Zeitstufe, im Präteritum. (3)   <u>2</u> P.
❷ Dein Satzbau einschließlich verwendeter Konjunktionen ist anspruchsvoll. (2)   <u>1</u> P.
❸ Du vermeidest Wiederholungen. (2)   <u>1</u> P.
❹ Du verwendest treffende Wörter, Vergleiche und wörtliche Reden. (2)   <u>2</u> P.
❺ Deine Satzanfänge sind passend und überlegt gewählt. (2)   <u>2</u> P.
❻ Du bist im grammatikalischen Bereich ziemlich sicher. (2)   <u>2</u> P.
❼ Du bist rechtschreibsicher. (2)   <u>1</u> P.

Deine Nacherzählung hat folgende sprachlichen Mängel:

			Erreichte Punktzahl:
⊠ *falsche Zeitstufe (G)*	O *oft*	⊠ *manchmal*	
O *monotone Satzanfänge (A)*	O *häufig*	O *manchmal*	
O *keine wörtlichen Reden (A)*	O *häufig*	O *manchmal*	
⊠ *„Allerweltswörter" (A)*	O *oft*	⊠ *manchmal*	<u>**26**</u> von 30 P.
⊠ *Wiederholungen (A)*	O *häufig*	⊠ *manchmal*	
O *grammatikalische Fehler (G)*	O *oft*	O *manchmal*	
⊠ *rechtschriftliche Probleme (R)*	O *häufig*	⊠ *manchmal*	Note: **2**

Hinweise: Bei durchgehend falscher Zeitstufe sollte mindestens eine Notenstufe in Abzug gebracht werden.

| ✌ 30 - 27 = 1; ☺ 26,5 - 22,5 = 2; ☺ 22 - 18 = 3; 😐 17,5 - 12 = 4; ☹ 11,5 - 6 = 5; 💣 5,5 - 0 = 6 |

Nicole Z.

Aufsatz

Die Wasserelfe und <s>ein</s> ^{der} ehrlicher Bauer

Ein Bauer namens Richard wollte für seine Frau aus Weidenzweigen einen Korb basteln. Gesagt, getan! Er hackte Weidenzweige in der Nähe eines Flusses ab. Doch plötzlich fiel ihm das Beil ins Wasser. Er saß bekümmert am Ufersrand und war sehr traurig. Auf einmal tauchte eine Wasserelfe aus den Fluten auf. <s>Er</s>① hatte orange Haare, eine blaue Haut, und grüne Augen. <s>Er</s> fragte: „Warum weinst du denn?" Da erzählte Richard: „Mein Beil ist ins Wasser gefallen!" Die Wasserelfe tauchte unter und kam mit drei Beilen hoch. <s>Er</s> zeigte dem Bauern ein goldenes, ein silbernes <s>Beil</s> und am Schluss noch sein eigenes. ^{Beil} Bescheiden <u>t</u> rief Richard: „Das dritte ist meins!" Die Wasserelfe gab ihm schließlich alle drei. ^{Beile} Richard rannte in ein Gasthaus im Dorf und erzählte die Geschichte seinen Kameraden. Erstaunt dachte sich ein anderer Bauer namens Hannes dass er so etwas auch machen könnte. Er war sehr neidisch. Hannes ging② also mit seiner Hacke an den „berühmten"③ Fluss und schmiss④ seine

G 1 Elfe ⇨ sie

A/R

A 2 Allerweltswort!

Á 3 Ersetze: besagten
4 Umgangssprache!

⑤ Hacke absichtlich ins Wasser. Wieder kam die Wassernelfe hoch und fragte erneut: „Ist die goldene Hacke deine?" Hannes rief ☺ gierisch und unehrlich dass es seine Hacke ⑥ sei. Die Wassernelfe erkannte seine Habgier und gab ihm überhaupt keine Hacke zurück. Hannes lief enttäuscht nach Hause und sagte zu sich selbst: „So etwas mach ⑦ ich nie wieder. Ich bin viel zu gierig gewesen!"

A 5 Wiederholung!

A 6 Wiederholung!

A 7 Umgangssprache!

| **D** | **Thema:** Die drei Beile | **Name:** Nicole Z. (5b) | |

Bewertungsblatt: Nacherzählung

I. Inhaltlicher Aspekt:

❶ Überschrift:
Sie sollte spannend formuliert sein und zur Erzählperspektive passen. (1)   **1** P.

❷ Einleitung:
• In deiner Einleitung sind Ort, Zeit und Hauptpersonen angeführt.   **3** P.
Der Umfang ist angemessen. (3)
Deine Einleitung weist folgende Mängel auf:
    O *Sie ist zu lang.*
    O *Sie nimmt Bereiche vorweg, die zum Hauptteil gehören.*
    O *Sie ist zu kurz oder fehlt ganz.*

❸ Hauptteil:
• Du hast alle wichtigen Erzählschritte aufgeführt. (3)   **2** P.
• Du hast die Reihenfolge der Erzählschritte beachtet. (3)   **3** P.
• Du hast die Spannung stufenweise gesteigert und den Höhepunkt herausgearbeitet. (3)   **3** P.
Mängel: Dein Hauptteil ist inhaltlich nicht ganz richtig, weil du
    O *einzelne Erzählschritte weggelassen hast*
    O *die Reihenfolge der Erzählschritte nicht genau beachtet hast.*
    ⊗ *Erzählschritte fantasievoll ausgestaltet hast, die in der Erzählung nicht vorkommen.*
    O *den Höhepunkt nur kurz oder gar nicht erwähnt hast.*
    O *an manchen Stellen den Sinn der Geschichte nicht verstanden hast.*
    O *zu lange brauchst, um zum Schluss zu kommen.*

❹ Schluss:
• Du kommst schnell zum Ende und rundest die Geschichte gut ab. (2)   **2** P.
Folgende Mängel sind festzustellen:
    O *Der Schluss fehlt ganz.*
    O *Er ist zu kurz.*
    O *Er ist zu lang.*
    O *Er führt Bereiche an, die zum Hauptteil gehören.*

II. Sprachlicher Aspekt:

❶ Du schreibst durchgehend spannend und in der richtigen Zeitstufe, im Präteritum. (3)   **2** P.
❷ Dein Satzbau einschließlich verwendeter Konjunktionen ist anspruchsvoll. (2)   **1** P.
❸ Du vermeidest Wiederholungen. (2)   **1** P.
❹ Du verwendest treffende Wörter, Vergleiche und wörtliche Reden. (2)   **2** P.
❺ Deine Satzanfänge sind passend und überlegt gewählt. (2)   **2** P.
❻ Du bist im grammatikalischen Bereich ziemlich sicher. (2)   **1** P.
❼ Du bist rechtschreibsicher. (2)   **2** P.
Deine Nacherzählung hat folgende sprachlichen Mängel:

O *falsche Zeitstufe (G)*	O *oft*	O *manchmal*
O *monotone Satzanfänge (A)*	O *häufig*	O *manchmal*
O *keine wörtlichen Reden (A)*	O *häufig*	O *manchmal*
⊗ *„Allerweltswörter" (A)*	O *oft*	⊗ *manchmal*
⊗ *Wiederholungen (A)*	O *häufig*	⊗ *manchmal*
⊗ *grammatikalische Fehler (G)*	O *oft*	⊗ *manchmal*
O *rechtschriftliche Probleme (R)*	O *häufig*	O *manchmal*

Erreichte Punktzahl:

25 von 30 P.

Note: **2**

Hinweise: Bei durchgehend falscher Zeitstufe sollte mindestens eine Notenstufe in Abzug gebracht werden.

☝ 30 - 27 = 1; ☺ 26,5 - 22,5 = 2; ☻ 22 - 18 = 3; 😐 17,5 - 12 = 4; ☹ 11,5 - 6 = 5; 💣 5,5 - 0 = 6

D

Merkblatt: Bildergeschichte

Eine **Bildergeschichte** zeigt eine **besondere Begebenheit** in einer _____ von Bildern. Wenn du eine solche Geschichte erzählen willst, musst du die Bilder in _____ fassen. Dabei sind verschiedene Punkte zu beachten:

• Der Leser sollte die Geschichte auch dann verstehen können, wenn er die **Bilderfolge nicht kennt**.

• Wichtig ist die **Reihenfolge der Bilder** und der **logische Zusammenhang des Geschehens**.

❶ Inhalt:

① Einleitung

Sie darf nicht zu knapp, aber auch nicht zu ausführlich sein. Weise darauf hin, was **vor** dem 1. Bild geschehen sein kann. Die Einleitung gibt Antwort auf folgende Fragen:

• Wo? ⇨ _____   • Wann? ⇨ _____

• Wer? ⇨ _____ (z. B. Name, Alter, Beruf, Aussehen, Kleidung, Wesensart)

② Hauptteil

Er umfasst den größten Teil der Geschichte. Dabei sollst du nur nicht die Bilder beschreiben, sondern eine Geschichte mit einer fortlaufenden _____ und einem logischen _____ erzählen. Manchmal passiert etwas _____ den Bildern, das du selbst erschließen musst. Stelle die _____ der Geschichte treffend heraus, indem du besonders hier wörtliche Reden, Fragen und Ausrufe verwendest und die _____ der Personen mit ihrer Mimik und Gestik beschreibst. Dabei ist nicht nur das äußere, sondern auch das _____ Geschehen (Gedanken und Gefühle) wichtig.

③ Schluss

Er muss _____ sein und soll die Geschichte _____.

❷ Sprache:

Auch bei der Sprache sind die Merkmale der Erlebniserzählung zu beachten. Dazu gehören u. a.:

① Zeitstufe der Bildergeschichte: _____ (_____)

② Lasse Personen an wichtigen Stellen selbst sprechen und verwende die _____ Rede.

③ Beschreibe _____, _____ , _____ und _____ der Personen.

④ Verwende _____- und _____sätze.

⑤ Verwende treffende _____ und _____. Dadurch kannst du die Ausdruckskraft und Farbigkeit der Bilder veranschaulichen.

⑥ Verwende verschiedene _____.

❸ Planungsschritte:

① Schau dir die einzelnen Bilder _____ an.

② Beachte die _____ der Erzählschritte.

③ Überlege dir, aus wessen _____ du die Geschichte erzählen willst.

④ Notiere dir vor der Niederschrift die einzelnen _____.

⑤ Formuliere zuerst die _____ und den _____.

⑥ Arbeite nun den _____ in sauberer und leserlicher Form aus und lese ihn genau durch.

D

Merkblatt: Bildergeschichte (Lösung)

Eine **Bildergeschichte** zeigt eine **besondere Begebenheit** in einer ___Folge___ von Bildern. Wenn du eine solche Geschichte erzählen willst, musst du die Bilder in ___Worte___ fassen. Dabei sind verschiedene Punkte zu beachten:

• Der Leser sollte die Geschichte auch dann verstehen können, wenn er die **Bilderfolge nicht kennt.**

• Wichtig ist die **Reihenfolge der Bilder** und der **logische Zusammenhang des Geschehens.**

❶ Inhalt:

① Einleitung

Sie darf nicht zu knapp, aber auch nicht zu ausführlich sein. Weise darauf hin, was **vor** dem 1. Bild geschehen sein kann. Die Einleitung gibt Antwort auf folgende Fragen:

• Wo? ⇨ ___Ort des Geschehens___   • Wann? ⇨ ___Zeitpunkt des Geschehens___

• Wer? ⇨ ___Personen___ (z. B. Name, Alter, Beruf, Aussehen, Kleidung, Wesensart)

② Hauptteil

Er umfasst den größten Teil der Geschichte. Dabei sollst du nur nicht die Bilder beschreiben, sondern eine Geschichte mit einer fortlaufenden ___Handlung___ und einem logischen ___Zusammenhang___ erzählen. Manchmal passiert etwas ___zwischen___ den Bildern, das du selbst erschließen musst. Stelle die ___Pointe___ der Geschichte treffend heraus, indem du besonders hier wörtliche Reden, Fragen und Ausrufe verwendest und die ___Stimmung___ der Personen mit ihrer Mimik und Gestik beschreibst. Dabei ist nicht nur das äußere, sondern auch das ___innere___ Geschehen (Gedanken und Gefühle) wichtig.

③ Schluss

Er muss ___kurz___ sein und soll die Geschichte ___abrunden___.

❷ Sprache:

Auch bei der Sprache sind die Merkmale der Erlebniserzählung zu beachten. Dazu gehören u. a.:

① Zeitstufe der Bildergeschichte: ___1. Vergangenheit___ (___Präteritum___)

② Lasse Personen an wichtigen Stellen selbst sprechen und verwende die ___wörtliche___ Rede.

③ Beschreibe ___Gefühle___, ___Gedanken___, ___Gestik___ und ___Mimik___ der Personen.

④ Verwende ___Ausrufe___- und ___Frage___sätze.

⑤ Verwende treffende ___Adjektive___ und ___Verben___. Dadurch kannst du die Ausdruckskraft und Farbigkeit der Bilder veranschaulichen.

⑥ Verwende verschiedene ___Satzanfänge___.

❸ Planungsschritte:

① Schau dir die einzelnen Bilder ___genau___ an.

② Beachte die ___Reihenfolge___ der Erzählschritte.

③ Überlege dir, aus wessen ___Perspektive___ du die Geschichte erzählen willst.

④ Notiere dir vor der Niederschrift die einzelnen ___Erzählschritte___.

⑤ Formuliere zuerst die ___Einleitung___ und den ___Schluss___.

⑥ Arbeite nun den ___Hauptteil___ in sauberer und leserlicher Form aus und lese ihn genau durch.

| **D** | **Thema:** | **Name:** | |

Bewertungsblatt: Bildergeschichte

I. Inhaltlicher Aspekt:

❶ Überschrift:
Sie sollte neugierig machen, aber nicht zu viel verraten. (1) _____ P.

❷ Einleitung:
• In deiner Einleitung sind die W-Fragen mit Ort, Zeit und Hauptpersonen angeführt. _____ P.
Der Umfang ist angemessen. (3)
Deine Einleitung weist folgende Mängel auf:
  O *Sie ist zu lang.*
  O *Sie nimmt Informationen vorweg, die zum Hauptteil gehören.*
  O *Sie ist zu kurz oder fehlt ganz.*
  O *Sie hat die W-Fragen nicht oder nicht ausreichend berücksichtigt.*

❸ Hauptteil:
• Du hast das dargestellte Geschehen mit der Pointe in der richtigen Reihenfolge erzählt. (3) _____ P.
• Du hast die Bilder folgerichtig unter Berücksichtigng des Spannungsbogens miteinander
  verbunden. (3) _____ P.
• Du hast auch das innere Geschehen wie Gedanken, Gefühle, Mimik und Gestik der Personen
  wiedergegeben. (3) _____ P.
Mängel: Dein Hauptteil ist inhaltlich nicht ganz richtig, weil du
  O *die Pointe der Geschichte nicht verstanden hast.*
  O *die einzelnen Bilder nicht miteinander verbunden hast.*
  O *wichtige Einzelheiten weggelassen hast.*
  O *das innere Geschehen zu wenig berücksichtigt hast.*

❹ Schluss:
• Du kommst schnell zum Ende und rundest die Geschichte gut ab. (2) _____ P.
Folgende Mängel sind festzustellen:
  O *Der Schluss fehlt ganz.*
  O *Er ist zu kurz*
  O *Er ist zu lang.*
  O *Er gehört nicht zum Thema oder führt Bereiche an, die zum Hauptteil gehören.*

II. Sprachlicher Aspekt:

❶ Du schreibst durchgehend spannend und in der richtigen Zeitstufe, im Präteritum. (3) _____ P.
❷ Dein Satzbau einschließlich verwendeter Konjunktionen ist anspruchsvoll. (3) _____ P.
❸ Du vermeidest Wiederholungen. (2) _____ P.
❹ Du verwendest treffende Wörter, Vergleiche und wörtliche Reden. (2) _____ P.
❺ Deine Satzanfänge sind passend und überlegt gewählt. (1) _____ P.
❻ Du bist im grammatikalischen Bereich ziemlich sicher. (2) _____ P.
❼ Du bist rechtschreibsicher. (2) _____ P.

Dein Bericht hat folgende sprachlichen Mängel:

			Erreichte Punktzahl:
O *falsche Zeitstufe (G)*	O *oft*	O *manchmal*	
O *monotone Satzanfänge (A)*	O *häufig*	O *manchmal*	_____ von 30 P.
O *keine wörtlichen Reden (A)*	O *häufig*	O *manchmal*	
O *„Allerweltswörter" (A)*	O *oft*	O *manchmal*	
O *Wiederholungen (A)*	O *häufig*	O *manchmal*	
O *grammatikalische Fehler (G)*	O *oft*	O *manchmal*	
O *rechtschriftliche Probleme (R)*	O *häufig*	O *manchmal*	Note:

*Hinweise: Bei durchgehend falscher Zeitstufe sollte mindestens eine Notenstufe in
Abzug gebracht werden.*

✌ 30 - 27 = 1; ☺ 26,5 - 22,5 = 2; ☺ 22 - 18 = 3; ☺ 17,5 - 12 = 4; ☹ 11,5 - 6 = 5; 💣 5,5 - 0 = 6

Vater-Sohn-Geschichten

Der eingebildete Kranke

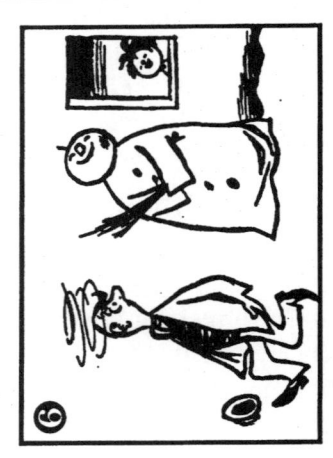

Der wehrhafte Schneemann

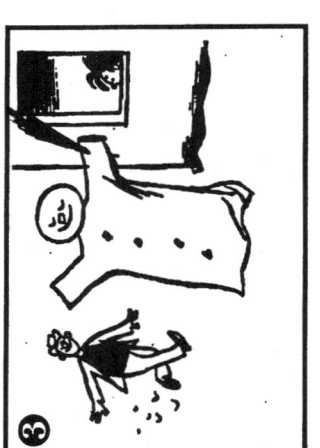

Sebastian E.   5b

Der lebendige Schneemann
Bildergeschichte

An einem herrlichen Wintertag hatte Fritz
einen molligen Schneemann vor das Haus
gebaut. Fritz war sehr stolz auf sein gut
gelungenes Werk. Doch in der Nacht zerstörte
der angetrunkene Nachbar den prächtigen
Schneemann.

Als Fritz am nächsten Morgen aus seinem Fenster
blickte, erschrak er, denn sein Schneemann
lag in Einzelteile zerfallen am Boden.
Schluchzend kniete er vor den Trümmern
und weinte bittere Tränen. Vater Moll bekam
großes Mitleid und dachte sich: „Wenn ich
den erwische, der meinen Sohn zum Weinen
gebracht hat, an dem räche ich mich."
Papa Moll kam auf eine blendende Idee.
Er rannte ins Schlafzimmer, zerrte sein
Bettlaken aus dem Bett und verkleidete sich   R
als Schneemann. Anschließend wühlte er in
der Faschingskiste nach einer geeigneten Maske.
Er nahm eine Rute, stellte sich lächelnd in
den Vorgarten und blieb starr stehen, weil
bereits der gemeine Nachbar auftauchte.
Hinterlistig sprach er: „Haben meine Nachbarn
doch wieder einen neuen Schneemann gebaut.
Den mache ich ihnen wieder kaputt."   A **1** Allerwelts-
                                    wort!
Und mit einem Schubs versuchte er er den

Schneemann umzuwerfen. Ehe er sich versah, ☺
bekam er plötzlich einen kräftigen ☺ Tritt in
den Hintern. Er erschrak: „Wie wird denn ein
Schneemann plötzlich lebendig?
Gibt es hier Gespenster?"
Schadenfroh ☺ lachte Papa Moll: „Rache ist süß!"
Verwirrt schaute sich der Nachbar um: „Oh je,
mein Hintern tut weh! Schnell weg, hier gibt es
Gespenster!"
Papa Moll grinste wie ein braver ☺ Engel.
Fritz lachte schadenfroh, eilte aus dem
Haus und umarmte seinen Vater: Wir

R

können stolz auf uns sein." † ②

2 Warum?

| **D** | **Thema:** Der wehrhafte Schneemann   **Name:** Sebastian E. (5b) | |

Bewertungsblatt: Bildergeschichte

I. Inhaltlicher Aspekt:

❶ **Überschrift:**
Sie sollte neugierig machen, aber nicht zu viel verraten. (1) **1** P.

❷ **Einleitung:**
• In deiner Einleitung sind die W-Fragen mit Ort, Zeit und Hauptpersonen angeführt. Der Umfang ist angemessen. (3) **3** P.

Deine Einleitung weist folgende Mängel auf:
- O *Sie ist zu lang.*
- O *Sie nimmt Informationen vorweg, die zum Hauptteil gehören.*
- O *Sie ist zu kurz oder fehlt ganz.*
- O *Sie hat die W-Fragen nicht oder nicht ausreichend berücksichtigt.*

❸ **Hauptteil:**
• Du hast das dargestellte Geschehen mit der Pointe in der richtigen Reihenfolge erzählt. (3) **3** P.
• Du hast die Bilder folgerichtig unter Berücksichtigng des Spannungsbogens miteinander verbunden. (3) **3** P.
• Du hast auch das innere Geschehen wie Gedanken, Gefühle, Mimik und Gestik der Personen wiedergegeben. (3) **3** P.

Mängel: Dein Hauptteil ist inhaltlich nicht ganz richtig, weil du
- O *die Pointe der Geschichte nicht verstanden hast.*
- O *die einzelnen Bilder nicht miteinander verbunden hast.*
- O *wichtige Einzelheiten weggelassen hast.*
- O *das innere Geschehen zu wenig berücksichtigt hast.*

❹ **Schluss:**
• Du kommst schnell zum Ende und rundest die Geschichte gut ab. (2) **2** P.

Folgende Mängel sind festzustellen:
- O *Der Schluss fehlt ganz.*
- O *Er ist zu kurz*
- O *Er ist zu lang.*
- O *Er gehört nicht zum Thema oder führt Bereiche an, die zum Hauptteil gehören.*

II. Sprachlicher Aspekt:

❶ Du schreibst durchgehend spannend und in der richtigen Zeitstufe, im Präteritum. (3) **3** P.
❷ Dein Satzbau einschließlich verwendeter Konjunktionen ist anspruchsvoll. (3) **2** P.
❸ Du vermeidest Wiederholungen. (2) **2** P.
❹ Du verwendest treffende Wörter, Vergleiche und wörtliche Reden. (2) **2** P.
❺ Deine Satzanfänge sind passend und überlegt gewählt. (1) **1** P.
❻ Du bist im grammatikalischen Bereich ziemlich sicher. (2) **2** P.
❼ Du bist rechtschreibsicher. (2) **2** P.

Dein Bericht hat folgende sprachlichen Mängel:

O *falsche Zeitstufe (G)*	O *oft*	O *manchmal*
O *monotone Satzanfänge (A)*	O *häufig*	O *manchmal*
O *keine wörtlichen Reden (A)*	O *häufig*	O *manchmal*
O *„Allerweltswörter" (A)*	O *oft*	O *manchmal*
O *Wiederholungen (A)*	O *häufig*	O *manchmal*
O *grammatikalische Fehler (G)*	O *oft*	O *manchmal*
O *rechtschriftliche Probleme (R)*	O *häufig*	O *manchmal*

Erreichte Punktzahl:

29 von 30 P.

Note: **1**

Hinweise: Bei durchgehend falscher Zeitstufe sollte mindestens eine Notenstufe in Abzug gebracht werden.

✌ 30 - 27 = 1; ☺ 26,5 - 22,5 = 2; ☺ 22 - 18 = 3; ☺ 17,5 - 12 = 4; ☹ 11,5 - 6 = 5; ☣ 5,5 - 0 = 6

Jennifer R.   5b

Ein Plan mit Misserfolg ☺
Bildergeschichte

R

An einem schönen Montagmorgen trat
Papa Moll ins Zimmer von seinem
Schneemann Fritz. Er weckte seinen Sohn
aus dem Tiefschlaf mit einem sanften „Fritz
steh auf, ich habe hier deine Schultasche".
Als Fritz die Augen aufschlug und Papa
Moll sah, dachte er:„Ich habe keinen
Bock auf die blöde Schule. Ich muss mir
schnell eine geniale List ausdenken!"
Bis Papa Moll Fritz aus seinem Tagtraum
holte und ihn endlich mit einem Zeige-
finger lockte, hatte Fritz eine Idee. Also
stellte sich Fritz krank als hätte er Migräne.
Papa Moll sagte:„ Wenn es dir so schlecht
geht, musst du nicht zur Schule gehen. Bleib
zuhause." Später kochte Fritz einen Tee und
macht einen kühlenden Umschlag um die Stirn.
Papa Moll hatte eine blendende Idee, wie er
seinen Sohn etwas aufheitern könnte. Er
holte ein langes Seil aus dem Keller und
befestigte das Seil an der Bettpfosten.
Anschließend band er das Seil an den Haken
über dem Bett an der Decke des Zimmers.
Umsichtig zog er das Bett nach oben. Er
holte sogleich Stuhl und Buch wippte

R
A/R 1 Vergleich unklar!
A 2 Näher begründen!
A 3 Besser: seinem
A/R 4 Wiederholung!
G 5 Zeitstufe!
A 6 Wiederholung!

das Bett sanft hin und her und las
ein spannendes Märchen vor. Als Papa
Moll bemerkte, dass er keinen Tee mehr
hatte, als Fritz einen ⑦ riesigen Durst
bekam, machte er sich auf dem ⑧ Weg,
um einen Tee aus der Apotheke zu
besorgen. Aber bevor er ging, mahnte
er mit erhobenem Finger ☺ und mit
ruhiger Stimme: „Bleib ja liegen, sonst
geht es dir schlechter. „Ich bin gleich
wieder da!" Fritz dachte sich: „O ja,
das ist ein guter Zeitpunkt um
die Gelegenheit auszunutzen!" Gesagt,
getan. Er stellte sich aufrecht ins Bett
und schaukelte wie ein Verrückter wild
hin und her. Plötzlich kam Papa Moll
ins Zimmer. Er staunt ⑨ und ließ beinahe
den Tee zu Boden fallen. Papa Moll
bemerkte, dass sein angeblich kranker ☺
Sohnemann ihn ausgenutzt hatte. Mit
ernster ☺ Miene schickte Papa Moll ihn
in die Schule. Fritz dachte nur: „Mist,
mein Plan ist nicht aufgegangen!"

A **7** Satzbau!

G/R

8 Falscher

A Fall!

R

G **9** Zeitstufe!

D	**Thema:** Der eingebildete Kranke	**Name:** Jennifer R. (5b)	

Bewertungsblatt: Bildergeschichte

I. Inhaltlicher Aspekt:

❶ Überschrift:
Sie sollte neugierig machen, aber nicht zu viel verraten. (1)   **1** P.

❷ Einleitung:
• In deiner Einleitung sind die W-Fragen mit Ort, Zeit und Hauptpersonen angeführt.   **2** P.
Der Umfang ist angemessen. (3)
Deine Einleitung weist folgende Mängel auf:
     O *Sie ist zu lang.*
     O *Sie nimmt Informationen vorweg, die zum Hauptteil gehören.*
     O *Sie ist zu kurz oder fehlt ganz.*
     O *Sie hat die W-Fragen nicht oder nicht ausreichend berücksichtigt.*

❸ Hauptteil:
• Du hast das dargestellte Geschehen mit der Pointe in der richtigen Reihenfolge erzählt. (3)   **3** P.
• Du hast die Bilder folgerichtig unter Berücksichtigng des Spannungsbogens miteinander
verbunden. (3)   **3** P.
• Du hast auch das innere Geschehen wie Gedanken, Gefühle, Mimik und Gestik der Personen
wiedergegeben. (3)   **2** P.
Mängel: Dein Hauptteil ist inhaltlich nicht ganz richtig, weil du
     O *die Pointe der Geschichte nicht verstanden hast.*
     O *die einzelnen Bilder nicht miteinander verbunden hast.*
     O *wichtige Einzelheiten weggelassen hast.*
     O *das innere Geschehen zu wenig berücksichtigt hast.*

❹ Schluss:
• Du kommst schnell zum Ende und rundest die Geschichte gut ab. (2)   **2** P.
Folgende Mängel sind festzustellen:
     O *Der Schluss fehlt ganz.*
     O *Er ist zu kurz*
     O *Er ist zu lang.*
     O *Er gehört nicht zum Thema oder führt Bereiche an, die zum Hauptteil gehören.*

II. Sprachlicher Aspekt:

❶ Du schreibst durchgehend spannend und in der richtigen Zeitstufe, im Präteritum. (3)   **2** P.
❷ Dein Satzbau einschließlich verwendeter Konjunktionen ist anspruchsvoll. (3)   **1** P.
❸ Du vermeidest Wiederholungen. (2)   **2** P.
❹ Du verwendest treffende Wörter, Vergleiche und wörtliche Reden. (2)   **2** P.
❺ Deine Satzanfänge sind passend und überlegt gewählt. (1)   **1** P.
❻ Du bist im grammatikalischen Bereich ziemlich sicher. (2)   **1** P.
❼ Du bist rechtschreibsicher. (2)   **1** P.

Dein Bericht hat folgende sprachlichen Mängel:

⊗ *falsche Zeitstufe (G)*	O *oft*	⊗ *manchmal*
O *monotone Satzanfänge (A)*	O *häufig*	O *manchmal*
O *keine wörtlichen Reden (A)*	O *häufig*	O *manchmal*
O *„Allerweltswörter" (A)*	O *oft*	O *manchmal*
⊗ *Wiederholungen (A)*	O *häufig*	⊗ *manchmal*
⊗ *grammatikalische Fehler (G)*	O *oft*	⊗ *manchmal*
O *rechtschriftliche Probleme (R)*	O *häufig*	O *manchmal*

Erreichte Punktzahl:

23 von 30 P.

Note: **2**

Hinweise: Bei durchgehend falscher Zeitstufe sollte mindestens eine Notenstufe in Abzug gebracht werden.

✌ 30 - 27 = 1; ☺ 26,5 - 22,5 = 2; ☺ 22 - 18 = 3; ☺ 17,5 - 12 = 4; ☹ 11,5 - 6 = 5; 💣 5,5 - 0 = 6

D

Merkblatt: Bericht

Ein Bericht soll in kurzer, prägnanter Form über ein Ereignis **informieren**. Deshalb muss **sachlich** und **knapp** geschrieben werden.

❶ Inhalt:

① Einleitungssatz (Basissatz)

Er bietet eine zusammenfassende Information über das Geschehen und gibt Antwort auf folgende Fragen:

- Wer? ⇨ _____
- Was? ⇨ _____
- Wann? ⇨ _____
- Wo? ⇨ _____

② Hauptteil

Hier wird der genaue Hergang des Geschehens in der richtigen _____ dargestellt. Dabei muss man sich auf das _____ beschränken. Vermeide dabei _____.

Der Hauptteil gibt Antwort auf die Fragen:

- Wie? ⇨ _____
- Warum? ⇨ _____

③ Schlusssatz

Hier sollten kurz folgende Aspekte ausformuliert sein:

- Welche _____ bzw. _____ hatte das Geschehen?
- Zu welchem _____ führte das Ereignis?

❷ Sprache:

① Die Zeitstufe des Berichts ist die _____ (_____).

② Die Sprache sollte _____ und _____ sein.

③ Soweit es möglich ist, sollten _____ verwendet werden.

④ Wichtige Aussagen von Personen werden in der _____ Rede wiedergegeben.

⑤ Vermeide Elemente der Erlebniserzählung wie _____ Rede, „_____" (z. B. „plötzlich", „im Nu") und „_____" (z. B. „zitternd wie Espenlaub", „furchtbar aufgeregt").

⑥ Stilistisch gut machen sich Adverbialien der _____, des _____, der _____ und des _____ und wiederkehrende Redewendungen, z. B. „Wie schon kurz berichtet ...", „Nach Angaben der Polizei ...", „Nach Aussagen von Augenzeugen ..." u. a.

❸ Planungsschritte:

① Formuliere zuerst eine zugkräftige _____ (Schlagzeile).

② Fertige dann eine _____ an.

③ _____ nun die Stichpunkte nach der logischen und zeitlichen Abfolge.

④ Formuliere den _____- und _____satz.

⑤ Arbeite den _____ in sauberer und leserlicher Form aus.

⑥ Lies deinen Bericht genau durch und überprüfe nach der _____.

D

Merkblatt: Bericht (Lösung)

Ein Bericht soll in kurzer, prägnanter Form über ein Ereignis **informieren**. Deshalb muss **sachlich** und **knapp** geschrieben werden.

❶ Inhalt:

① Einleitungssatz (Basissatz)

Er bietet eine zusammenfassende Information über das Geschehen und gibt Antwort auf folgende Fragen:

- Wer? ⇨ **Wer war am Ereignis beteiligt? (Personen)**
- Was? ⇨ **Um welches Ereignis handelte es sich? (Thematik)**
- Wann? ⇨ **Wann spielte sich das Ereignis ab? (genaue Zeitangabe)**
- Wo? ⇨ **Wo fand das Ereignis statt? (genaue Ortsangabe)**

② Hauptteil

Hier wird der genaue Hergang des Geschehens in der richtigen ____**Reihenfolge**____ dargestellt. Dabei muss man sich auf das ____**Wesentliche**____ beschränken. Vermeide dabei ____**Übertreibungen**____.

Der Hauptteil gibt Antwort auf die Fragen:

- Wie? ⇨ **Wie lief das Ereignis ab? (nähere Umstände)**
- Warum? ⇨ **Warum lief das Ereignis so ab? (Gründe/Ursachen)**

③ Schlusssatz

Hier sollten kurz folgende Aspekte ausformuliert sein:

- Welche ____**Auswirkungen**____ bzw. ____**Folgen**____ hatte das Geschehen?
- Zu welchem ____**Ergebnis**____ führte das Ereignis?

❷ Sprache:

① Die Zeitstufe des Berichts ist die ____**1. Vergangenheit**____ (____**Präteritum**____).

② Die Sprache sollte ____**knapp**____ und ____**sachlich**____ sein.

③ Soweit es möglich ist, sollten ____**Fachausdrücke**____ verwendet werden.

④ Wichtige Aussagen von Personen werden in der ____**indirekten**____ Rede wiedergegeben.

⑤ Vermeide Elemente der Erlebniserzählung wie ____**wörtliche**____ Rede, „____**Spannungswörter**____" (z. B. „plötzlich", „im Nu") und „____**Gefühlswörter**____" (z. B. „zitternd wie Espenlaub", „furchtbar aufgeregt").

⑥ Stilistisch gut machen sich Adverbialien der ____**Zeit**____, des ____**Ortes**____, der ____**Art und Weise**____ und des ____**Grundes**____ und wiederkehrende Redewendungen, z. B. „Wie schon kurz berichtet ...", „Nach Angaben der Polizei ...", „Nach Aussagen von Augenzeugen ..." u. a.

❸ Planungsschritte:

① Formuliere zuerst eine zugkräftige ____**Überschrift**____ (Schlagzeile).

② Fertige dann eine ____**Stoffsammlung**____ an.

③ ____**Ordne**____ nun die Stichpunkte nach der logischen und zeitlichen Abfolge.

④ Formuliere den ____**Einleitungs**____- und ____**Schluss**____satz.

⑤ Arbeite den ____**Hauptteil**____ in sauberer und leserlicher Form aus.

⑥ Lies deinen Bericht genau durch und überprüfe nach der ____**Rechtschreibung**____.

D	**Thema:**	**Name:**	

Bewertungsblatt: Bericht

I. Inhaltlicher Aspekt:

❶ Überschrift (Schlagzeile):
Sie sollte zugkräftig und zugleich informativ sein. (2) _____ P.

❷ Einleitung:
• In deiner Einleitung sind die W-Fragen mit Ort, Zeit, Ereignis und Hauptpersonen angeführt. _____ P.
Der Umfang ist angemessen. (3)
Deine Einleitung weist folgende Mängel auf:
    O *Sie ist zu lang.*
    O *Sie nimmt Informationen vorweg, die zum Hauptteil gehören.*
    O *Sie ist zu kurz oder fehlt ganz.*
    O *Sie hat die W-Fragen nicht oder nicht ausreichend berücksichtigt.*

❸ Hauptteil:
• Du hast die W-Fragen Wie? und Warum? umfassend und trotzdem knapp beantwortet. (6) _____ P.
• Du hast keine persönlichen Wertungen vorgenommen. (1) _____ P.
Mängel: Dein Hauptteil ist inhaltlich nicht ganz richtig, weil du
    O *sachliche Fehler gemacht hast. (S)*
    O *zu sehr übertrieben hast.*
    O *Wesentliches weggelassen hast.*
    O *Nebensächliches in den Vordergrund gestellt hast.*
    O *Erlebniserzählelemente verwendet hast.*

❹ Schluss:
• Du hast Folgen und Ergebnisse treffend ausformuliert. (3) _____ P.
Folgende Mängel sind festzustellen:
    O *Der Schluss fehlt ganz.*
    O *Er ist zu kurz oder zu lang.*
    O *Er gehört nicht zum Thema.*
    O *Er führt Bereiche an, die zum Hauptteil gehören.*

II. Sprachlicher Aspekt:

❶ Du schreibst durchgehend knapp und in der richtigen Zeitstufe, im Präteritum. (3) _____ P.
❷ Dein Satzbau einschließlich verwendeter Konjunktionen ist anspruchsvoll. (3) _____ P.
❸ Du vermeidest Wiederholungen. (2) _____ P.
❹ Du verwendest treffende Wörter und Fachbegriffe. (2) _____ P.
❺ Deine Satzanfänge sind passend und überlegt gewählt. (1) _____ P.
❻ Du bist im grammatikalischen Bereich ziemlich sicher. (2) _____ P.
❼ Du bist rechtschreibsicher. (2) _____ P.

Dein Bericht hat folgende sprachlichen Mängel:

O *falsche Zeitstufe (G)*	O *oft*	O *manchmal*
O *monotoner Satzbau (A)*	O *häufig*	O *manchmal*
O *„Bandwurmsätze" (G)*	O *häufig*	O *manchmal*
O *„Allerweltswörter" (A)*	O *oft*	O *manchmal*
O *Wiederholungen (A)*	O *häufig*	O *manchmal*
O *grammatikalische Fehler (G)*	O *oft*	O *manchmal*
O *rechtschriftliche Probleme (R)*	O *häufig*	O *manchmal*

Erreichte Punktzahl:

_____ von 30 P.

Note:

Hinweise: Bei durchgehend falscher Zeitstufe sollte mindestens eine Notenstufe in Abzug gebracht werden.

✌ 30 - 27 = 1; ☺ 26,5 - 22,5 = 2; ☺ 22 - 18 = 3; ☻ 17,5 - 12 = 4; ☹ 11,5 - 6 = 5; ☀ 5,5 - 0 = 6

Wieder eine Pilzvergiftung
im Raum Donauwörth

Stephanie

Donauwörth (st).

Wie schon kurz berichtet, unternahm Familie Braun mit ihrem Sohn am ~~vor 14 Tagen~~ Sonntag (vergangenen) einen Ausflug in den Wald bei Lederstatt. ①

Die Familie sammelte viele Pilze ungefähr zwei Körbe ② **A** voll. Sie konnten sie jedoch nicht genau unterscheiden. ③④ **G, A**

Familie Braun aßen die Pilze trotzdem zum Abend- ⑤⑥ **G** essen. Am nächsten Morgen bekamen sie Magenschmerz- ⑦ **G, A** en und mussten sich erbrechen. Darauf gingen sie zum ⑧ ⑨ **A** Arzt, der überwies sie ins Krankenhaus. Der Familie ⑩ **A** Braun wurde der Magen ausgepumpt. Es war gerade noch rechtzeitig. Ein Tag später wäre es ein sicherer ⑪ ⑫ **A, G** Tod gewesen. Deshalb ~~bitte~~ (sollte man) nur Pilze sammeln, die man genau kennt.

Absatz!

1 Informationen zum Basissatz unvollständig!

2 Satz umstellen! Ein Wort streichen!

3 Bezugsfehler! Singular!

4 Bezugsfehler! Besseres Wort!

5 Besseres Wort finden!

6 Einfügen, da wichtig:
unter denen sich auch einige Knollenblätterpilze befanden

7 Besseres Wort, z. B.:
klagte die Familie über

8 Bezugsfehler! Singular!

9 Allerweltswort!

10 Sätze verbinden!

11 Sätze verbinden!

12 Bestimmter Artikel!

D **Thema:** Zeitungsbericht: Pilzvergiftung **Name:** Stephanie S. (M 7)

Bewertungsblatt: Bericht

I. Inhaltlicher Aspekt:

❶ **Überschrift (Schlagzeile):**
Sie sollte zugkräftig und zugleich informativ sein. (2)   _1_ P.

❷ **Einleitung:**
• In deiner Einleitung sind die W-Fragen mit Ort, Zeit, Ereignis und Hauptpersonen angeführt.   _1_ P.
Der Umfang ist angemessen. (3)
Deine Einleitung weist folgende Mängel auf:
     O _Sie ist zu lang._
     O _Sie nimmt Informationen vorweg, die zum Hauptteil gehören._
     ⊗ _Sie ist zu kurz oder fehlt ganz._
     ⊗ _Sie hat die W-Fragen nicht oder nicht ausreichend berücksichtigt._

❸ **Hauptteil:**
• Du hast die W-Fragen Wie? und Warum? umfassend und trotzdem knapp beantwortet. (6)   _3_ P.
• Du hast keine persönlichen Wertungen vorgenommen. (1)   _1_ P.
Mängel: Dein Hauptteil ist inhaltlich nicht ganz richtig, weil du
     O _sachliche Fehler gemacht hast. (S)_
     O _zu sehr übertrieben hast._
     ⊗ _Wesentliches weggelassen hast._
     O _Nebensächliches in den Vordergrund gestellt hast._
     O _Erlebniserzählelemente verwendet hast._

❹ **Schluss:**
• Du hast Folgen und Ergebnisse treffend ausformuliert. (3)   _1_ P.
Folgende Mängel sind festzustellen:
     O _Der Schluss fehlt ganz._
     ⊗ _Er ist zu kurz oder zu lang._
     O _Er gehört nicht zum Thema._
     O _Er führt Bereiche an, die zum Hauptteil gehören._

II. Sprachlicher Aspekt:

❶ Du schreibst durchgehend knapp und in der richtigen Zeitstufe, im Präteritum. (3)   _3_ P.
❷ Dein Satzbau einschließlich verwendeter Konjunktionen ist anspruchsvoll. (3)   _–_ P.
❸ Du vermeidest Wiederholungen. (2)   _1_ P.
❹ Du verwendest treffende Wörter und Fachbegriffe. (2)   _–_ P.
❺ Deine Satzanfänge sind passend und überlegt gewählt. (1)   _–_ P.
❻ Du bist im grammatikalischen Bereich ziemlich sicher. (2)   _–_ P.
❼ Du bist rechtschreibsicher. (2)   _2_ P.

Dein Bericht hat folgende sprachlichen Mängel:

O _falsche Zeitstufe (G)_	O _oft_	O _manchmal_
⊗ _monotoner Satzbau (A)_	O _häufig_	⊗ _manchmal_
O _„Bandwurmsätze" (G)_	O _häufig_	O _manchmal_
⊗ _„Allerweltswörter" (A)_	O _oft_	⊗ _manchmal_
⊗ _Wiederholungen (A)_	O _häufig_	⊗ _manchmal_
⊗ _grammatikalische Fehler (G)_	⊗ _oft_	O _manchmal_
O _rechtschriftliche Probleme (R)_	O _häufig_	O _manchmal_

Erreichte Punktzahl:

13 von 30 P.

Note: **4**

**Hinweise:** Bei durchgehend falscher Zeitstufe sollte mindestens eine Notenstufe in Abzug gebracht werden.

✌ 30 - 27 = 1; ☺ 26,5 - 22,5 = 2; ☺ 22 - 18 = 3; ☺ 17,5 - 12 = 4; ☹ 11,5 - 6 = 5; 💣 5,5 - 0 = 6

Gefährliches Spiel

14-jähriger Junge in Sandgrube verschüttet

Donauwörth (bf).

~~Wie schon kurz berichtet wurde~~ ① gestern
Abend gegen 18.30 Uhr wurde einer von drei   **R** **1** Passt hier
vierzehnjährigen ② in einer Sandgrube bei   **A** **2** Nicht
Donauwörth verschüttet.   vollständig!

Die drei Jungen gruben eine Höhle unter
einer überhängenden Sandschicht, obwohl   **R**
der Zutritt ③ verboten war. Franz N. arbeitete   **3** Einfügen:
mit einem Spaten, während die beiden   Betriebsge-
anderen Jungen den Sand beiseite trugen.   lände
Dabei stürzte der Überhang ein und der
Grabende wurde verschüttet. Hans P. begann
sofort zu ④ graben, während Bernd S. zum   **A** **4** Wiederho-
Betriebsbüro rannte, wo der Betriebsleiter   lung!
trotz Feierabends noch anwesend war.   Ersetzen!
Dieser alarmierte umgehend Polizei und   **R**
Feuerwehr, die nach kurzer Zeit am Unfallort eintrafen. Die Rettung erfolgte durch
rasches Ausgraben. Trotz erfolgreicher   **R**
Wiederbelebung ~~mit dem Sauerstoffgerät~~
war ein Krankenhausaufenthalt notwendig.
Man sollte nicht dort spielen, wo
⑤ Verbotsschilder aufgestellt sind   **A** **5** Zu
pauschal!

| **D** | **Thema:** Bericht: Gefährliches Spiel | **Name:** Barbara F. (M 7) | |

Bewertungsblatt: Bericht

I. Inhaltlicher Aspekt:

❶ Überschrift (Schlagzeile):
Sie sollte zugkräftig und zugleich informativ sein. (2)   __2__ P.

❷ Einleitung:
• In deiner Einleitung sind die W-Fragen mit Ort, Zeit, Ereignis und Hauptpersonen angeführt.   __2__ P.
Der Umfang ist angemessen. (3)
Deine Einleitung weist folgende Mängel auf:
    O *Sie ist zu lang.*
    O *Sie nimmt Informationen vorweg, die zum Hauptteil gehören.*
    O *Sie ist zu kurz oder fehlt ganz.*
    O *Sie hat die W-Fragen nicht oder nicht ausreichend berücksichtigt.*

❸ Hauptteil:
• Du hast die W-Fragen Wie? und Warum? umfassend und trotzdem knapp beantwortet. (6)   __5__ P.
• Du hast keine persönlichen Wertungen vorgenommen. (1)   __1__ P.
Mängel: Dein Hauptteil ist inhaltlich nicht ganz richtig, weil du
    O *sachliche Fehler gemacht hast. (S)*
    O *zu sehr übertrieben hast.*
    O *Wesentliches weggelassen hast.*
    O *Nebensächliches in den Vordergrund gestellt hast.*
    O *Erlebniserzählelemente verwendet hast.*

❹ Schluss:
• Du hast Folgen und Ergebnisse treffend ausformuliert. (3)   __2__ P.
Folgende Mängel sind festzustellen:
    O *Der Schluss fehlt ganz.*
    ⊗ *Er ist zu kurz oder zu lang*
    O *Er gehört nicht zum Thema.*
    O *Er führt Bereiche an, die zum Hauptteil gehören.*

II. Sprachlicher Aspekt:

❶ Du schreibst durchgehend knapp und in der richtigen Zeitstufe, im Präteritum. (3)   __3__ P.
❷ Dein Satzbau einschließlich verwendeter Konjunktionen ist anspruchsvoll. (3)   __2__ P.
❸ Du vermeidest Wiederholungen. (2)   __2__ P.
❹ Du verwendest treffende Wörter und Fachbegriffe. (2)   __2__ P.
❺ Deine Satzanfänge sind passend und überlegt gewählt. (1)   __1__ P.
❻ Du bist im grammatikalischen Bereich ziemlich sicher. (2)   __1__ P.
❼ Du bist rechtschreibsicher. (2)   __−__ P.

Dein Bericht hat folgende sprachlichen Mängel:

O *falsche Zeitstufe (G)*	O *oft*	O *manchmal*
O *monotoner Satzbau (A)*	O *häufig*	O *manchmal*
O *„Bandwurmsätze" (G)*	O *häufig*	O *manchmal*
O *„Allerweltswörter" (A)*	O *oft*	O *manchmal*
O *Wiederholungen (A)*	O *häufig*	O *manchmal*
O *grammatikalische Fehler (G)*	O *oft*	O *manchmal*
⊗ *rechtschriftliche Probleme (R)*	⊗ *häufig*	O *manchmal*

Erreichte Punktzahl:

__23__ von 30 P.

Note: **2**

Hinweise: Bei durchgehend falscher Zeitstufe sollte mindestens eine Notenstufe in Abzug gebracht werden.

✌ 30 - 27 = 1; ☺ 26,5 - 22,5 = 2; ☺ 22 - 18 = 3; ☺ 17,5 - 12 = 4; ☹ 11,5 - 6 = 5; 💣 5,5 - 0 = 6

13-jähriges Kind beim Drachensteigen verunglückt
(Bericht)

Nina

Donauwörth (föß). Am Mittwoch ließen gegen 15 Uhr
die beiden Freunde Robert G. (12) und Hans S. (13)
auf der Löffeladwiese des Schollenbergs ihre
Drachen steigen. Da kam plötzlich ein starker
Windstoß und der Drachen hatte sich in der
Stromleitung verfangen. Der Boden war sehr
feucht, und Hans hatte vergessen, die Schnur
rechtzeitig loszulassen. Die Wiederbelebungsversuche
von Robert G. waren erfolglos. Robert G. alamierte
den Notarzt. Doch als sie kamen, war Hans S. schon
tot. Die Todesursache war Herzstillstand und er hatte
auch starke Verbrennungen an der rechten Hand.
Am nächsten Tag stand eine große Überschrift in
der Zeitung: Warnung beim Drachensteigen!

D | **Thema:** Drachensteigen | **Name:** Nina F. (8d)

Bewertungsblatt: Bericht

I. Inhaltlicher Aspekt:

❶ **Überschrift (Schlagzeile):**
Sie sollte zugkräftig und zugleich informativ sein. (2)   **1** P.

❷ **Einleitung:**
• In deiner Einleitung sind die W-Fragen mit Ort, Zeit, Ereignis und Hauptpersonen angeführt.   **2** P.
Der Umfang ist angemessen. (3)
Deine Einleitung weist folgende Mängel auf:
     O *Sie ist zu lang.*
     O *Sie nimmt Informationen vorweg, die zum Hauptteil gehören.*
     ⊗ *Sie ist zu kurz oder fehlt ganz.*
     ⊗ *Sie hat die W-Fragen nicht oder nicht ausreichend berücksichtigt.*

❸ **Hauptteil:**
• Du hast die W-Fragen Wie? und Warum? umfassend und trotzdem knapp beantwortet. (6)   **2** P.
• Du hast keine persönlichen Wertungen vorgenommen. (1)   **1** P.
Mängel: Dein Hauptteil ist inhaltlich nicht ganz richtig, weil du
     O *sachliche Fehler gemacht hast. (S)*
     O *zu sehr übertrieben hast.*
     ⊗ *Wesentliches weggelassen hast.*
     O *Nebensächliches in den Vordergrund gestellt hast.*
     ⊗ *Erlebniserzählelemente verwendet hast.*

❹ **Schluss:**
• Du hast Folgen und Ergebnisse treffend ausformuliert. (3)   **–** P.
Folgende Mängel sind festzustellen:
     O *Der Schluss fehlt ganz.*
     ⊗ *Er ist zu kurz oder zu lang.*
     ⊗ *Er gehört nicht zum Thema.*
     O *Er führt Bereiche an, die zum Hauptteil gehören.*

II. Sprachlicher Aspekt:

❶ Du schreibst durchgehend knapp und in der richtigen Zeitstufe, im Präteritum. (3)   **3** P.
❷ Dein Satzbau einschließlich verwendeter Konjunktionen ist anspruchsvoll. (3)   **–** P.
❸ Du vermeidest Wiederholungen. (2)   **1** P.
❹ Du verwendest treffende Wörter und Fachbegriffe. (2)   **1** P.
❺ Deine Satzanfänge sind passend und überlegt gewählt. (1)   **–** P.
❻ Du bist im grammatikalischen Bereich ziemlich sicher. (2)   **–** P.
❼ Du bist rechtschreibsicher. (2)   **–** P.

Dein Bericht hat folgende sprachlichen Mängel:

O *falsche Zeitstufe (G)*	O *oft*	O *manchmal*
⊗ *monotoner Satzbau (A)*	⊗ *häufig*	O *manchmal*
O *„Bandwurmsätze" (G)*	O *häufig*	O *manchmal*
O *„Allerweltswörter" (A)*	O *oft*	O *manchmal*
O *Wiederholungen (A)*	O *häufig*	O *manchmal*
⊗ *grammatikalische Fehler (G)*	⊗ *oft*	O *manchmal*
⊗ *rechtschriftliche Probleme (R)*	O *häufig*	⊗ *manchmal*

Erreichte Punktzahl:

11 von 30 P.

Note: **5**

Hinweise: Bei durchgehend falscher Zeitstufe sollte mindestens eine Notenstufe in Abzug gebracht werden.

✌ 30 - 27 = 1; ☺ 26,5 - 22,5 = 2; ☺ 22 - 18 = 3; ☺ 17,5 - 12 = 4; ☹ 11,5 - 6 = 5; 💣 5,5 - 0 = 6

13-jähriges ~~Kind~~ Schüler beim Drachensteigen ~~verunglückt~~ tödlich
~~(Bericht)~~   Nina

Donauwörth (Pöß). ~~Am Mittwoch~~ Gestern nachmittag ließen gegen 15 Uhr,   G
die beiden Freunde Robert G. (12) und Hans S. (13)
auf der Löffeladwiese des Schollenbergs ihre
Drachen steigen. Da kam ① plötzlich ein starker   A   Absatz!
Windstoß und der Drachen hatte ② sich in der   G
Stromleitung verfangen. ③ Der Boden war sehr
feucht, und Hans hatte vergessen, die Schnur   A
rechtzeitig loszulassen. ④ Die Wiederbelebungsversuche
von Robert G. waren erfolglos. Robert G. ⑤ alarmierte   R, A
den Notarzt. Doch als sie ⑥ kamen ⑦, war Hans S. schon   R, G, A
tot. Die Todesursache war ⑧ Herzstillstand und er ⑨ hatte   A, G
auch starke Verbrennungen an der rechten Hand.
⑩ Am nächsten Tag stand eine große Überschrift in   A
der Zeitung: Warnung beim Drachensteigen!   G

---

1 Erlebniserzählelement ersetzen! Formuliere so:
Durch einen Windstoß ...
2 Falsche Zeitstufe!
3 Beginne so:
Da der Boden ... und Hans ...
4 Was geschah?
... erlitt er einen tödlichen Stromschlag.
5 Wiederholung. Ersetze durch ein persönliches Fürwort!
6 Bezugsfehler! Ersetze durch „dieser"!
7 Besseres Wort finden!
8 Formuliere so:
... wurde ... festgestellt.
9 Neuer Satz:
Hans S. erlitt auch ...
10 Formuliere einen Appell an die Eltern, um vor den Gefahren des
Drachensteigens zu warnen.

Drachensteigen fordert erneut Todesopfer
13 - Jähriger sofort tot

Liane Gayr

Donauwörth (ga)

Wie schon kurz berichtet, starb der 13-jährige Hans S. gestern nachmittag gegen 15 Uhr auf der Löffeladwiese des Schellenbergs, weil sich sein Drache in einer Hochspannungsleitung verfangen hatte. Sein Freund Robert G. (12) alarmierte daraufhin zwar sofort den Notarzt, doch **R**
blieben die Wiederbelebungsversuche am Unfallort ohne Erfolg. Der Arzt konnte nur noch den Tod durch Herzstillstand feststellen. Dem Bericht Roberts zufolge habe **Absatz!**
Hans versucht, den Drachen trotz des starken Windes von den Stromleitungen fernzuhalten. Als ihm das nicht gelungen sei, habe er den Drachen durch rütteln aus den Stromleitungen **R**
lösen wollen. Nach Meinung des Unfallarztes Dr. Müller sei der tötliche Unfall einerseits auf den feuchten Boden, andererseits **R**
auf die hartnäckigen Versuche des Jungen zurück zu führen, **R**
den Drachen nach Berührung der Hochspannungsleitung noch zu befreien. Verbrennungen an der rechten Hand würden, so Dr. Müller, die Richtigkeit dieser Annahme beweisen. Der Junge hätte nur dann eine Überlebenschance gehabt, wenn er seinen **R**
Drachen vor Kontakt mit der Stromleitung losgelassen hätte. Es **Absatz!**
kann wieder einmal nur dringlich darauf hingewiesen werden, wie gefährlich Drachensteigen in der Nähe von Stromleitungen ist. Alle Eltern sollten sich zusammen mit ihren Kindern zuvor schon überzeugen, ob auf der vorgesehenen Wiese ein Drachensteigen gefahrlos möglich ist.

D | **Thema:** Drachensteigen | **Name:** Liane G. (8d)

Bewertungsblatt: Bericht

I. Inhaltlicher Aspekt:

❶ Überschrift (Schlagzeile):
Sie sollte zugkräftig und zugleich informativ sein. (2) _____2_____ P.

❷ Einleitung:
• In deiner Einleitung sind die W-Fragen mit Ort, Zeit, Ereignis und Hauptpersonen angeführt. _____3_____ P.
Der Umfang ist angemessen. (3)
Deine Einleitung weist folgende Mängel auf:
    O *Sie ist zu lang.*
    O *Sie nimmt Informationen vorweg, die zum Hauptteil gehören.*
    O *Sie ist zu kurz oder fehlt ganz.*
    O *Sie hat die W-Fragen nicht oder nicht ausreichend berücksichtigt.*

❸ Hauptteil:
• Du hast die W-Fragen Wie? und Warum? umfassend und trotzdem knapp beantwortet. (6) _____6_____ P.
• Du hast keine persönlichen Wertungen vorgenommen. (1) _____1_____ P.
Mängel: Dein Hauptteil ist inhaltlich nicht ganz richtig, weil du
    O *sachliche Fehler gemacht hast. (S)*
    O *zu sehr übertrieben hast.*
    O *Wesentliches weggelassen hast.*
    O *Nebensächliches in den Vordergrund gestellt hast.*
    O *Erlebniserzählelemente verwendet hast.*

❹ Schluss:
• Du hast Folgen und Ergebnisse treffend ausformuliert. (3) _____3_____ P.
Folgende Mängel sind festzustellen:
    O *Der Schluss fehlt ganz.*
    O *Er ist zu kurz oder zu lang.*
    O *Er gehört nicht zum Thema.*
    O *Er führt Bereiche an, die zum Hauptteil gehören.*

II. Sprachlicher Aspekt:

❶ Du schreibst durchgehend knapp und in der richtigen Zeitstufe, im Präteritum. (3) _____3_____ P.
❷ Dein Satzbau einschließlich verwendeter Konjunktionen ist anspruchsvoll. (3) _____2_____ P.
❸ Du vermeidest Wiederholungen. (2) _____2_____ P.
❹ Du verwendest treffende Wörter und Fachbegriffe. (2) _____2_____ P.
❺ Deine Satzanfänge sind passend und überlegt gewählt. (1) _____1_____ P.
❻ Du bist im grammatikalischen Bereich ziemlich sicher. (2) _____2_____ P.
❼ Du bist rechtschreibsicher. (2) _____–_____ P.
Dein Bericht hat folgende sprachlichen Mängel:

O *falsche Zeitstufe (G)*	O *oft*	O *manchmal*
O *monotoner Satzbau (A)*	O *häufig*	O *manchmal*
O *„Bandwurmsätze" (G)*	O *häufig*	O *manchmal*
O *„Allerweltswörter" (A)*	O *oft*	O *manchmal*
O *Wiederholungen (A)*	O *häufig*	O *manchmal*
O *grammatikalische Fehler (G)*	O *oft*	O *manchmal*
O *rechtschriftliche Probleme (R)*	O *häufig*	⊗ *manchmal*

Erreichte Punktzahl:

_____27_____ von 30 P.

Note: **1**

Hinweise: Bei durchgehend falscher Zeitstufe sollte mindestens eine Notenstufe in Abzug gebracht werden.

✌ 30 - 27 = 1; ☺ 26,5 - 22,5 = 2; ☺ 22 - 18 = 3; ☺ 17,5 - 12 = 4; ☹ 11,5 - 6 = 5; 💣 5,5 - 0 = 6

D	

Merkblatt: Gegenstands- und Vorgangsbeschreibung

Eine Gegenstands- bzw. Vorgangsbeschreibung soll in kurzer, prägnanter Form über einen Gegenstand oder einen Vorgang **informieren**. Gegenstandsbeschreibungen sind enthalten in Lexika, Erzähltexten, Gebrauchsanweisungen, Anzeigen und Werbeprospekten. Zu den Vorgangsbeschreibungen gehören Kochrezepte, Spielregeln, Arbeits- und Bedienungsanleitungen und Gebrauchsanweisungen.

Bei der Beschreibung technischer Geräte lassen sich Gegenstands- und Vorgangsbeschreibung oft nicht voneinander trennen.

❶ Inhalt:

① Einleitungssatz

• Bei einer Gegenstandsbeschreibung soll beantwortet werden, um welchen Gegenstand es sich handelt, wem er gehört und wo er sich befindet.

• Bei einer Vorgangsbeschreibung sollen das äußere Umfeld und die Voraussetzungen des Vorganges (Gerät, Materialien, Werkzeuge) kurz geklärt werden.

② Hauptteil

Hier wird der Gegenstand bzw. Vorgang in der richtigen Reihenfolge dargestellt. Es bieten sich mehrere Möglichkeiten des systematischen Aufbaus an, wobei der Zusammenhang der Einzelteile sowie deren Funktionsweise und Handhabung berücksichtigt werden müssen:

• vom _____ zu den _____ (z. B. Räume, Pflanzen)

• von _____ nach _____ (z. B. Koffer, Taschen, Mäppchen)

• von _____ nach _____ (z. B. Türme, Gebäude)

• vom _____ zum _____ (z. B. Bilder, Kleidungsstücke)

☞ Inhalte der Gegenstandsbeschreibung:

_____

_____

☞ Inhalte der Vorgangsbeschreibung:

_____

③ Schlusssatz

• Welchem _____ dient der Gegenstand bzw. der Vorgang?

• Wie ist der Gegenstand bzw. der Vorgang zu _____?

❷ Sprache:

① Die Zeitstufe einer Beschreibung ist die _____ (_____).

② Die Sprache sollte _____, _____ und _____ sein.

③ Soweit es möglich ist, sollten _____ verwendet werden.

④ Wichtig sind anschauliche _____ und treffende _____.

⑤ Vermeide den zu häufigen Gebrauch des unpersönlichen „_____". Verwende lieber das Vorgangspassiv und den Infinitiv mit „_____".

❸ Planungsschritte:

① Fertige zuerst eine _____ an und ordne diese.

② Formuliere den _____- und _____satz sowie den _____.

③ Lies deine Beschreibung genau durch und überprüfe nach der _____.

D

Merkblatt: Gegenstands- und Vorgangsbeschreibung (Lösung)

Eine Gegenstands- bzw. Vorgangsbeschreibung soll in kurzer, prägnanter Form über einen Gegenstand oder einen Vorgang **informieren**. Gegenstandsbeschreibungen sind enthalten in Lexika, Erzähltexten, Gebrauchsanweisungen, Anzeigen und Werbeprospekten. Zu den Vorgangsbeschreibungen gehören Kochrezepte, Spielregeln, Arbeits- und Bedienungsanleitungen und Gebrauchsanweisungen.
Bei der Beschreibung technischer Geräte lassen sich Gegenstands- und Vorgangsbeschreibung oft nicht voneinander trennen.

❶ Inhalt:

① **Einleitungssatz**
• Bei einer Gegenstandsbeschreibung soll beantwortet werden, um welchen Gegenstand es sich handelt, wem er gehört und wo er sich befindet.
• Bei einer Vorgangsbeschreibung sollen das äußere Umfeld und die Voraussetzungen des Vorganges (Gerät, Materialien, Werkzeuge) kurz geklärt werden.

② **Hauptteil**
Hier wird der Gegenstand bzw. Vorgang in der richtigen Reihenfolge dargestellt. Es bieten sich mehrere Möglichkeiten des systematischen Aufbaus an, wobei der Zusammenhang der Einzelteile sowie deren Funktionsweise und Handhabung berücksichtigt werden müssen:
• vom **Gesamteindruck** zu den **Einzelheiten** (z. B. Räume, Pflanzen)
• von **außen** nach **innen** (z. B. Koffer, Taschen, Mäppchen)
• von **unten** nach **oben** (z. B. Türme, Gebäude)
• vom **Auffälligen** zum **Unauffälligen** (z. B. Bilder, Kleidungsstücke)

☞ Inhalte der Gegenstandsbeschreibung:
Größe und Maße, Form, Material und Farbe, Oberflächenbeschaffenheit, Alter und Wert, Besonderheiten (Kratzer, Aufbau)

☞ Inhalte der Vorgangsbeschreibung:
Arbeitsschritte u. U. mit exakten Angaben wie Zeit, Gewicht, Menge, Temperatur

③ **Schlusssatz**
• Welchem **Zweck** dient der Gegenstand bzw. der Vorgang?
• Wie ist der Gegenstand bzw. der Vorgang zu **beurteilen**?

❷ Sprache:

① Die Zeitstufe einer Beschreibung ist die **Gegenwart** (**Präsens**).
② Die Sprache sollte **genau**, **klar** und **sachlich** sein.
③ Soweit es möglich ist, sollten **Fachausdrücke** verwendet werden.
④ Wichtig sind anschauliche **Vergleiche** und treffende **Attribute**.
⑤ Vermeide den zu häufigen Gebrauch des unpersönlichen „**man**". Verwende lieber das Vorgangspassiv und den Infinitiv mit „**zu**".

❸ Planungsschritte:

① Fertige zuerst eine **Stoffsammlung** an und ordne diese.
② Formuliere den **Einleitungs**- und **Schluss**satz sowie den **Hauptteil**.
③ Lies deine Beschreibung genau durch und überprüfe nach der **Rechtschreibung**.

D	**Thema:**	**Name:**	

Bewertungsblatt: Gegenstands- und Vorgangsbeschreibung

I. Inhaltlicher Aspekt:

❶ Einleitungsgedanke:

• In deiner Einleitung ist der zu beschreibende Gegenstand bzw. Vorgang angeführt. (1)   _____ P.

Deine Einleitung weist folgende Mängel auf:

    O *Sie ist zu kurz bzw. lang.*

    O *Sie nimmt Informationen vorweg, die zum Hauptteil gehören.*

    O *Sie fehlt ganz.*

❷ Hauptteil:

• Du hast den Gegenstand bzw. Vorgang inhaltlich richtig erfasst und detailliert beschrieben. (4)   _____ P.

• Die Reihenfolge ist richtig und klar strukturiert. (4)   _____ P.

• Du verwendest passende Fachbegriffe, die den Gegenstand bzw. Vorgang verdeutlichen helfen. (4)   _____ P.

• Du hast keine persönlichen Wertungen vorgenommen. (1)   _____ P.

Mängel: Dein Hauptteil ist inhaltlich nicht ganz richtig, weil du

    O *sachliche Fehler gemacht hast. (S)*

    O *keine geeigneten Ordnungskriterien gefunden hast. Dein Aufsatz wirkt durcheinander.*

    O *Wesentliches (z. B. Fachausdrücke) weggelassen hast.*

    O *Nebensächliches in den Vordergrund gestellt hast.*

    O *persönliche Wertungen vorgenommen hast.*

❸ Schlussgedanke:

• Du hast den Zweck des Gegenstandes bzw. Vorganges kurz beschrieben. Außerdem hast du eine kurze Wertung vorgenommen. (2)   _____ P.

Folgende Mängel sind festzustellen:

    O *Der Schluss fehlt ganz.*

    O *Er ist zu kurz oder zu lang.*

    O *Er trifft nicht die verlangten Kriterien.*

    O *Er führt Bereiche an, die zum Hauptteil gehören.*

II. Sprachlicher Aspekt:

❶ Du schreibst durchgehend knapp, klar und in der richtigen Zeitstufe, im Präsens. (2)   _____ P.

❷ Dein Satzbau einschließlich verwendeter Konjunktionen ist anspruchsvoll. (2)   _____ P.

❸ Du vermeidest Wiederholungen. (2)   _____ P.

❹ Du verwendest treffende Adjektive, Attribute und Substantive. (2)   _____ P.

❺ Du verwendest passende Fachausdrücke. (2)   _____ P.

❻ Deine Satzanfänge sind abwechslungsreich. (2)   _____ P.

❼ Du bist im grammatikalischen Bereich ziemlich sicher. (2)   _____ P.

❽ Du bist rechtschreibsicher. (2)   _____ P.

Dein Bericht hat folgende sprachlichen Mängel:

    O *falsche Zeitstufe (G)*   O *oft*   O *manchmal*

    O *monotoner Satzbau (A)*   O *häufig*   O *manchmal*

    O *zu kurze Sätze (A)*   O *häufig*   O *manchmal*

    O *„Allerweltswörter" (A)*   O *oft*   O *manchmal*

    O *Wiederholungen (A)*   O *häufig*   O *manchmal*

    O *grammatikalische Fehler (G)*   O *oft*   O *manchmal*

    O *rechtschriftliche Probleme (R)*   O *häufig*   O *manchmal*

Erreichte Punktzahl:

_____ von 32 P.

Note:

Hinweise: Bei durchgehend falscher Zeitstufe sollte mindestens eine Notenstufe in Abzug gebracht werden.

✌ 32 - 29 = 1; ☺ 28,5 - 24 = 2; ☺ 23,5 - 19 = 3; ☹ 18,5 - 13 = 4; ☹ 12,5 - 6,5 = 5; ☄ 6 - 0 = 6

Erste Hilfe am Unfallort
(Vorgangsbeschreibung)

Stephanie

①

Bei einem Unfall sichere ich ~~den~~ (zuerst) den Unfallort
mit (einem) ~~Warndreieck~~ (oder einer) ~~Warnblinkanlage~~ ~~usw.~~ ab. Ich | G/A
berge den Verletzten und wende (dabei) den Rauten- | S
Griff an. ② Als erstes ~~spreche~~ ich ihn an↑ wenn | R/A
keine Reaktion kommt_ messe ich den Puls und | R
überprüfe die Atmung.
Ich lege den Verletzten auf eine ~~stabile~~ Seiten- | A/G
lage_ um den Atemweg freizuhalten und das | R
Ersticken bei Erbrechen zu verhindern. Wenn | G
keine zweite Person am Unfallort vorhanden
ist_ rufe ich jetzt den Notarzt (am) und ~~gib~~ ihm | R/A
die Unfallursache, ~~und~~ die Verletzungen ~~durch~~
und ~~wo der Unfall passiert ist~~. Mit einem | A
Erste Hilfe Kasten kann ich ~~die~~ ein Pflaster | R
an der Wunde befestigen und einen gebrochenen | G
Knochen schienen. Sobald der Notarzt ~~und die~~
~~Feuerwehr~~ eingetroffen ~~sind~~ (ist), wird der Verletzte ver- | S
sorgt ~~und das Auto von der Feuerwehr gelöscht~~.
~~Der Verletzte~~ (und) kommt ins Krankenhaus (eingeliefert).

✝ ⑦

1 Einleitung fehlt!

2 Genauer!

3 Besserer Ausdruck!

4 Umgangs-sprache!

5 Falsche Präposition!

6 Sachlage unklar!

7 Schluss fehlt!

| **D** | **Thema:** Vorgangsb.: Erste Hilfe | **Name:** Stephanie S. (M 7) | |

Bewertungsblatt: Gegenstands- und Vorgangsbeschreibung

I. Inhaltlicher Aspekt:

❶ Einleitungsgedanke:

• In deiner Einleitung ist der zu beschreibende Gegenstand bzw. Vorgang angeführt. (1)   _–_ P.

Deine Einleitung weist folgende Mängel auf:

    O _Sie ist zu kurz bzw. lang._

    O _Sie nimmt Informationen vorweg, die zum Hauptteil gehören._

    ⊗ _Sie fehlt ganz._

❷ Hauptteil:

• Du hast den Gegenstand bzw. Vorgang inhaltlich richtig erfasst und detailliert beschrieben. (4)   _1_ P.

• Die Reihenfolge ist richtig und klar strukturiert. (4)   _2_ P.

• Du verwendest passende Fachbegriffe, die den Gegenstand bzw. Vorgang verdeutlichen helfen. (4)   _2_ P.

• Du hast keine persönlichen Wertungen vorgenommen. (1)   _1_ P.

Mängel: Dein Hauptteil ist inhaltlich nicht ganz richtig, weil du

    ⊗ _sachliche Fehler gemacht hast. (S)_

    O _keine geeigneten Ordnungskriterien gefunden hast. Dein Aufsatz wirkt durcheinander._

    ⊗ _Wesentliches (z. B. Fachausdrücke) weggelassen hast._

    O _Nebensächliches in den Vordergrund gestellt hast._

    O _persönliche Wertungen vorgenommen hast._

❸ Schlussgedanke:

• Du hast den Zweck des Gegenstandes bzw. Vorganges kurz beschrieben. Außerdem hast du eine kurze Wertung vorgenommen. (2)   _–_ P.

Folgende Mängel sind festzustellen:

    ⊗ _Der Schluss fehlt ganz._

    O _Er ist zu kurz oder zu lang._

    O _Er trifft nicht die verlangten Kriterien._

    O _Er führt Bereiche an, die zum Hauptteil gehören._

II. Sprachlicher Aspekt:

❶ Du schreibst durchgehend knapp, klar und in der richtigen Zeitstufe, im Präsens. (2)   _1_ P.

❷ Dein Satzbau einschließlich verwendeter Konjunktionen ist anspruchsvoll. (2)   _1_ P.

❸ Du vermeidest Wiederholungen. (2)   _2_ P.

❹ Du verwendest treffende Adjektive, Attribute und Substantive. (2)   _1_ P.

❺ Du verwendest passende Fachausdrücke. (2)   _1_ P.

❻ Deine Satzanfänge sind abwechslungsreich. (2)   _1_ P.

❼ Du bist im grammatikalischen Bereich ziemlich sicher. (2)   _–_ P.

❽ Du bist rechtschreibsicher. (2)   _1_ P.

Dein Bericht hat folgende sprachlichen Mängel:

O _falsche Zeitstufe (G)_	O _oft_	O _manchmal_
O _monotoner Satzbau (A)_	O _häufig_	O _manchmal_
O _zu kurze Sätze (A)_	O _häufig_	O _manchmal_
O _„Allerweltswörter" (A)_	O _oft_	O _manchmal_
O _Wiederholungen (A)_	O _häufig_	O _manchmal_
⊗ _grammatikalische Fehler (G)_	⊗ _oft_	O _manchmal_
⊗ _rechtschriftliche Probleme (R)_	O _häufig_	⊗ _manchmal_

Erreichte Punktzahl:

14 von 32 P.

Note: **4**

Hinweise: Bei durchgehend falscher Zeitstufe sollte mindestens eine Notenstufe in Abzug gebracht werden.

✌ 32 - 29 = 1; ☺ 28,5 - 24 = 2; ☺ 23,5 - 19 = 3; 😐 18,5 - 13 = 4; ☹ 12,5 - 6,5 = 5; ☄ 6 - 0 = 6

Ich bediene einen CD-Player

Stefanie P

Ich habe einen tragbaren Panasonic CD-Player mit Radio und Kassettendeck. ①

Als erstes schalte ich den CD-Player ② ein. Nun schiebe ich den Modus auf CD. Dann öffne ich die Klappe mit der Open/Close Taste und lege die CD mit der Aufschrift nach oben ein. Auf dem Display kann ich nun die Anzahl der Lieder und die Dauer ③ der CD ablesen. Die Playtaste benötige ich, wenn ich den ersten Titel hören möchte. Anschließend überprüfe ich, ~~wenn ich~~ die Lautstärke und den Bass, so dass es mir entspricht. Den nächsten Song wähle ich, indem ich auf die Tipptaste drücke. Wenn mein Lieblingslied spielt, drücke ich auf „Repeat", um es nochmal zu hören ④. Gefällt mir diese Stelle des Liedes gerade nicht, bleibe ich lang ⑤ auf der Tipptaste und spule entweder vor oder zurück. Die Playtaste ⑥ benütze ich, wenn ich für kurze Zeit etwas zu erledigen habe. Um das Lied an der gleichen Stelle weiterzuhören, drücke ich wieder auf die Playtaste. Um die CD ⑦ herauszunehmen, bediene ich zuerst die Stopptaste, danach die Open/Close Taste. Als letztes schalte ich das Gerät mit dem On/Off Schalter aus.

Ich bin mit meinem Panasonic-CD-Player sehr zufrieden.

⑧

1 Einleitung zu kurz!

2 Womit?

R

3 Besser: Spieldauer

A

A

A **4** Besser: hören zu können

A **5** Besser: halte ... gedrückt

S **6** Pausetaste!

A **7** Wiederholung!

R

R

8 Schluss zu kurz!

| **D** | **Thema:** Vorgangsb.: CD-Player | **Name:** Stefanie P. (M 7) | |

Bewertungsblatt: Gegenstands- und Vorgangsbeschreibung

I. Inhaltlicher Aspekt:

❶ Einleitungsgedanke:

• In deiner Einleitung ist der zu beschreibende Gegenstand bzw. Vorgang angeführt. (1)   __0,5__ P.

Deine Einleitung weist folgende Mängel auf:

     ⊗ *Sie ist zu kurz bzw. zu lang.*
     O *Sie nimmt Informationen vorweg, die zum Hauptteil gehören.*
     O *Sie fehlt ganz.*

❷ Hauptteil:

• Du hast den Gegenstand bzw. Vorgang inhaltlich richtig erfasst und detailliert beschrieben. (4)   __3__ P.
• Die Reihenfolge ist richtig und klar strukturiert. (4)   __3__ P.
• Du verwendest passende Fachbegriffe, die den Gegenstand bzw. Vorgang verdeutlichen helfen. (4)   __2__ P.
• Du hast keine persönlichen Wertungen vorgenommen. (1)   __1__ P.

Mängel: Dein Hauptteil ist inhaltlich nicht ganz richtig, weil du

     ⊗ *sachliche Fehler gemacht hast. (S)*
     O *keine geeigneten Ordnungskriterien gefunden hast. Dein Aufsatz wirkt durcheinander.*
     O *Wesentliches (z. B. Fachausdrücke) weggelassen hast.*
     O *Nebensächliches in den Vordergrund gestellt hast.*
     O *persönliche Wertungen vorgenommen hast.*

❸ Schlussgedanke:

• Du hast den Zweck des Gegenstandes bzw. Vorganges kurz beschrieben. Außerdem hast du eine kurze Wertung vorgenommen. (2)   __0,5__ P.

Folgende Mängel sind festzustellen:

     O *Der Schluss fehlt ganz.*
     ⊗ *Er ist zu kurz oder zu lang.*
     O *Er trifft nicht die verlangten Kriterien.*
     O *Er führt Bereiche an, die zum Hauptteil gehören.*

II. Sprachlicher Aspekt:

❶ Du schreibst durchgehend knapp, klar und in der richtigen Zeitstufe, im Präsens. (2)   __2__ P.
❷ Dein Satzbau einschließlich verwendeter Konjunktionen ist anspruchsvoll. (2)   __1__ P.
❸ Du vermeidest Wiederholungen. (2)   __2__ P.
❹ Du verwendest treffende Adjektive, Attribute und Substantive. (2)   __1__ P.
❺ Du verwendest passende Fachausdrücke. (2)   __1__ P.
❻ Deine Satzanfänge sind abwechslungsreich. (2)   __1__ P.
❼ Du bist im grammatikalischen Bereich ziemlich sicher. (2)   __2__ P.
❽ Du bist rechtschreibsicher. (2)   __2__ P.

Dein Bericht hat folgende sprachlichen Mängel:

O *falsche Zeitstufe (G)*	O *oft*	O *manchmal*
O *monotoner Satzbau (A)*	O *häufig*	O *manchmal*
⊗ *zu kurze Sätze (A)*	O *häufig*	⊗ *manchmal*
O *„Allerweltswörter" (A)*	O *oft*	O *manchmal*
⊗ *Wiederholungen (A)*	O *häufig*	⊗ *manchmal*
O *grammatikalische Fehler (G)*	O *oft*	O *manchmal*
O *rechtschriftliche Probleme (R)*	O *häufig*	O *manchmal*

Erreichte Punktzahl:

__22__ von 32 P.

Note: **3**

Hinweise: Bei durchgehend falscher Zeitstufe sollte mindestens eine Notenstufe in Abzug gebracht werden.

✌ 32 - 29 = 1; ☺ 28,5 - 24 = 2; ☺ 23,5 - 19 = 3; ☺ 18,5 - 13 = 4; ☹ 12,5 - 6,5 = 5; ✸ 6 - 0 = 6

Ich fertige ein Solitärspiel an

Bianca L.

Wenn ich ein Solitär anfertigen möchte, gehe ich folgendermaßen vor:

Zuerst brauche ich ein angemessenes Holzstück. Dann zeichne ich mit Bleistift immer im rechten Winkel die entsprechende Maße der Länge und Breite nach ein. Dabei drücke ich nur leicht auf. Wenn ich fertig bin, zeichne ich mit einer Schablone kleine Kreise, 33 Stück, um die Schnittpunkte auf. Danach körne ich die Schnittpunkte an. Dabei beachte ich, dass ich nur ein bis zweimal leicht mit dem Hammer auf den Körner schlage. Wenn ich fertig bin, gehe ich an den Bohrer, nehme die Stärke 8,5 mm und überprüfe, ob die Bohrstufe passt. Nun bohre ich mit dem Spiralbohrer in die angekörnten 33 Löcher. Dies sollte ich langsam tun, sonst werden die Löcher nicht schön und es kann aus dem Holz etwas ausreißen. Anschließend schleife ich das Brett an den Seiten, an der Oberfläche und in den Bohrungen. Dann säge ich mir die 32 Stück Holzstecken mit 2 Ersatz 2-3 cm ab. Nun schleife ich auch diese an der Ober- und Unterseite rund.

Wenn ich dies alles beachte, bekomme ich ein sehr schönes Solitär-Spiel.

D **Thema:** Vorgangsb.: Werkstück **Name:** Bianca L. (M 7)

Bewertungsblatt: Gegenstands- und Vorgangsbeschreibung

I. Inhaltlicher Aspekt:

❶ Einleitungsgedanke:

• In deiner Einleitung ist der zu beschreibende Gegenstand bzw. Vorgang angeführt. (1) — 0,5 P.

Deine Einleitung weist folgende Mängel auf:

- ☒ *Sie ist zu kurz bzw. zu lang.*
- O *Sie nimmt Informationen vorweg, die zum Hauptteil gehören.*
- O *Sie fehlt ganz.*

❷ Hauptteil:

• Du hast den Gegenstand bzw. Vorgang inhaltlich richtig erfasst und detailliert beschrieben. (4) — 3 P.
• Die Reihenfolge ist richtig und klar strukturiert. (4) — 4 P.
• Du verwendest passende Fachbegriffe, die den Gegenstand bzw. Vorgang verdeutlichen helfen. (4) — 3 P.
• Du hast keine persönlichen Wertungen vorgenommen. (1) — 1 P.

Mängel: Dein Hauptteil ist inhaltlich nicht ganz richtig, weil du

- O *sachliche Fehler gemacht hast. (S)*
- O *keine geeigneten Ordnungskriterien gefunden hast. Dein Aufsatz wirkt durcheinander.*
- O *Wesentliches (z. B. Fachausdrücke) weggelassen hast.*
- O *Nebensächliches in den Vordergrund gestellt hast.*
- O *persönliche Wertungen vorgenommen hast.*

❸ Schlussgedanke:

• Du hast den Zweck des Gegenstandes bzw. Vorganges kurz beschrieben. Außerdem hast du eine kurze Wertung vorgenommen. (2) — 0,5 P.

Folgende Mängel sind festzustellen:

- O *Der Schluss fehlt ganz.*
- ☒ *Er ist zu kurz oder zu lang.*
- O *Er trifft nicht die verlangten Kriterien.*
- O *Er führt Bereiche an, die zum Hauptteil gehören.*

II. Sprachlicher Aspekt:

❶ Du schreibst durchgehend knapp, klar und in der richtigen Zeitstufe, im Präsens. (2) — 2 P.
❷ Dein Satzbau einschließlich verwendeter Konjunktionen ist anspruchsvoll. (2) — 1 P.
❸ Du vermeidest Wiederholungen. (2) — 2 P.
❹ Du verwendest treffende Adjektive, Attribute und Substantive. (2) — 1 P.
❺ Du verwendest passende Fachausdrücke. (2) — 1 P.
❻ Deine Satzanfänge sind abwechslungsreich. (2) — 2 P.
❼ Du bist im grammatikalischen Bereich ziemlich sicher. (2) — 2 P.
❽ Du bist rechtschreibsicher. (2) — 2 P.

Dein Bericht hat folgende sprachlichen Mängel:

O *falsche Zeitstufe (G)*	O *oft*	O *manchmal*
O *monotoner Satzbau (A)*	O *häufig*	O *manchmal*
O *zu kurze Sätze (A)*	O *häufig*	O *manchmal*
☒ *„Allerweltswörter" (A)*	O *oft*	☒ *manchmal*
O *Wiederholungen (A)*	O *häufig*	O *manchmal*
O *grammatikalische Fehler (G)*	O *oft*	O *manchmal*
O *rechtschriftliche Probleme (R)*	O *häufig*	O *manchmal*

Erreichte Punktzahl: **25** von 32 P.

Note: **2**

Hinweise: *Bei durchgehend falscher Zeitstufe sollte mindestens eine Notenstufe in Abzug gebracht werden.*

✌ 32 - 29 = 1; ☺ 28,5 - 24 = 2; ☺ 23,5 - 19 = 3; 😐 18,5 - 13 = 4; ☹ 12,5 - 6,5 = 5; 💣 6 - 0 = 6

Ich fertige ein Solitärspiel an

Bianca L.

Wenn ich ein Solitär anfertigen möchte, gehe ich folgendermaßen vor: ①

1 Einleitung zu kurz!

Zuerst brauche ich ein angemessenes Holz- ②

2 Genauer!

stück. Dann zeichne ich mit Bleistift immer im rechten Winkel die entsprechende G Maße der Länge und Breite nach ein. Dabei drücke ich nur leicht auf. Wenn ich fertig bin, zeichne ich mit einer Schablone kleine Kreise, 33 ③ Stück, um die Schnittpunkte A

3 Satzstellung

auf. Danach körne ich die Schnittpunkte an. Dabei beachte ich, dass ich nur ein bis zweimal leicht mit dem Hammer auf den Körner schlage. Wenn ich fertig bin, gehe ich an den Bohrer, nehme die Stärke 8,5 mm und überprüfe, ob die Bohrstufe passt. Nun bohre ich mit dem Spiralbohrer in die angekörnten 33 Löcher. Dies sollte ich langsam tun, sonst werden die Löcher nicht schön ④ und es kann aus dem Holz A

4 Allerweltswort!

etwas ausreißen. Anschließend schleife ich das Brett an den Seiten, an der Oberfläche und in den Bohrungen. Dann säge ich mir die 32 ~~Stück~~ A

Holzstecken ⑤ mit zwei Ersatz 2-3 cm ⑥ ab. Nun A

5 Umgangssprache!

6 Füge ein: In einer Länge von

schleife ich auch diese an der Ober- und Unterseite rund.

Wenn ich dies alles beachte, bekomme ich ein sehr ⑦ schönes Solitär-Spiel. A

7 Allerweltswort!

D	

Merkblatt: Bildbeschreibung

Eine Bildbeschreibung soll in prägnanter Form ein Bild **lebendig** werden lassen. Deshalb muss zwar **knapp**, aber vor allem **treffend** formuliert werden. Die **Aussage** des Bildes muss erfasst werden.

❶ Inhalt:

① Einleitungsgedanke

Er bietet eine zusammenfassende Information über das Bild und soll Antwort auf folgende Fragen geben:

• Won wem stammt das Bild? ⇨ _____

• Welche Art des Bildes liegt vor? ⇨ _____

• Wie heißt das Bild? ⇨ _____

• Worum geht es in diesem Bild? ⇨ _____

② Hauptteil

Hier soll das Bild näher beschrieben werden. Gehe dabei auf die _____ des Bildes ein und beschreibe sie ausführlich in _____ Reihenfolge. Vielleicht findest du auch die **Perspektive** des Bildes heraus? Hier unterscheidet man Kavaliers- (etwas über Augenhöhe), Frosch- (von weit unten), Vogel- (von weit oben) und Bedeutungsperspektive (wichtige Figuren sind größer).

Möglichkeiten der **Strukturierung** unter In-Beziehung-Setzen der Einzelheiten:

• Vom _____ zum Mittelgrund, von dort dann zum _____

• Vom _____ zum Unwichtigen oder von _____ nach _____

• Achte im Hauptteil auf passende _____.

Beispiele: vorne rechts, vorne links, unmittelbar daneben , direkt daneben, dicht daran, hinter, in weitem Abstand, weit entfernt, im Vordergrund, in der Bildmitte, im Hintergrund, kaum sichtbar, schwer erkennbar u. a.

③ Schlussgedanke

Hier sollten kurz folgende Aspekte ausformuliert sein:

• Welche _____ hat das Bild beim Betrachter hinterlassen? Gesamteindruck?

• Zu welchem _____ kommt der Betrachter? (Eigene Meinung)

❷ Sprache:

① Die Zeitstufe der Bildbeschreibung ist die _____ (_____).

② Versuche deine _____ variabel zu gestalten.

③ Vermeide _____ und _____.

④ Finde Substantive, Verben und Adjektive, die die Bildsprache _____ übersetzen können.

⑤ Verwende anspruchsvollere _____.

❸ Planungsschritte:

① Formuliere zuerst eine passende _____.

② Fertige dann eine _____ an.

③ _____ nun die Stichpunkte nach einem sinnvollen Strukturschema.

④ Formuliere den _____- und _____gedanken.

⑤ Arbeite den _____ in sauberer und leserlicher Form aus.

⑥ Lies deine Bildbeschreibung genau durch und überprüfe nach der _____.

D

Merkblatt: Bildbeschreibung (Lösung)

Eine Bildbeschreibung soll in prägnanter Form ein Bild **lebendig** werden lassen. Deshalb muss **knapp**, aber vor allem **treffend** formuliert werden. Die **Aussage** des Bildes muss erfasst werden.

❶ Inhalt:

① Einleitungsgedanke

Er bietet eine zusammenfassende Information über das Bild und gibt Antwort auf folgende Fragen:

- Won wem stammt das Bild? ⇨ **Künstler mit Lebensdaten**
- Welche Art des Bildes liegt vor? ⇨ **Darstellungsform, z. B. Radierung, Gemälde u. a.**
- Wie heißt das Bild? ⇨ **Titel des Bildes**
- Worum geht es in diesem Bild? ⇨ **Thematik (lässt sich oft aus dem Bildtitel ableiten)**

② Hauptteil

Hier soll das Bild näher beschrieben werden. Gehe dabei auf die **Einzelheiten** des Bildes ein und beschreibe sie ausführlich in **geordneter** Reihenfolge. Vielleicht findest du auch die **Perspektive** des Bildes heraus? Hier unterscheidet man Kavaliers- (etwas über Augenhöhe), Frosch- (von weit unten), Vogel- (von weit oben) und Bedeutungsperspektive (wichtige Figuren sind größer).

Möglichkeiten der **Strukturierung** unter In-Beziehung-Setzen der Einzelheiten:

- Vom **Vordergrund** zum Mittelgrund, von dort dann zum **Hintergrund**
- Vom **Wesentlichen** zum Unwichtigen oder von **links** nach **rechts**
- Achte im Hauptteil auf passende **Satzübergänge**.

Beispiele: vorne rechts, vorne links, unmittelbar daneben , direkt daneben, dicht daran, hinter, in weitem Abstand, weit entfernt, im Vordergrund, in der Bildmitte, im Hintergrund, kaum sichtbar, schwer erkennbar u. a.

③ Schlussgedanke

Hier sollten kurz folgende Aspekte ausformuliert sein:

- Welche **Wirkung** hat das Bild beim Betrachter hinterlassen? Gesamteindruck?
- Zu welchem **Urteil** kommt der Betrachter? (Eigene Meinung)

❷ Sprache:

① Die Zeitstufe der Bildbeschreibung ist die **Gegenwart** (**Präsens**).

② Versuche deine **Satzanfänge** variabel zu gestalten.

③ Vermeide **Wiederholungen** und **Allerweltswörter**.

④ Finde Substantive, Verben und Adjektive, die die Bildsprache **treffend** übersetzen können.

⑤ Verwende anspruchsvollere **Satzkonstruktionen**.

❸ Planungsschritte:

① Formuliere zuerst eine passende **Überschrift**.

② Fertige dann eine **Stoffsammlung** an.

③ **Ordne** nun die Stichpunkte nach einem sinnvollen Strukturschema.

④ Formuliere den **Einleitungs** - und **Schluss** gedanken.

⑤ Arbeite den **Hauptteil** in sauberer und leserlicher Form aus.

⑥ Lies deine Bildbeschreibung genau durch und überprüfe nach der **Rechtschreibung**.

| **D** | **Thema:** | **Name:** | |

Bewertungsblatt: Bildbeschreibung

I. Inhaltlicher Aspekt:

❶ Einleitungsgedanke:
• In deiner Einleitung sind Bildtitel, Künstler, Art des Bildes mit Technik, Entstehungszeit und Bildinhalt aufgeführt. Der Umfang ist angemessen. (3)   _____ P.

Deine Einleitung weist folgende Mängel auf:
    O *ist zu lang*
    O *nimmt Informationen vorweg, die zum Hauptteil gehören*
    O *ist zu kurz*
    O *Fehlen der Basisinformationen*

❷ Hauptteil:
• Du hast das Bild mit seinen Inhalten richtig erfasst. (5)   _____ P.
• Du hast zur Beschreibung geeignete Strukturmerkmale verwendet. (5)   _____ P.

Mängel: Dein Hauptteil ist inhaltlich nicht ganz richtig, weil du
    O *sachliche Fehler gemacht hast. (S)*
    O *Wesentliches weggelassen hast.*
    O *nicht auf bedeutsame Einzelheiten eingegangen bist.*
    O *die Einzelheiten nicht in Beziehung zueinander gesetzt hast.*
    O *keine geeignete Reihenfolge gefunden hast.*

❸ Schlussgedanke:
• Ein Gesamturteil über das Bild ist dir gut gelungen. Du hast die Wirkung des Bildes auf dich treffend beschrieben. (3)   _____ P.

Folgende Mängel sind festzustellen:
    O *Der Schluss fehlt ganz.*
    O *Er ist zu lang.*
    O *Er ist zu kurz.*
    O *Er führt Bereiche an, die zum Hauptteil gehören.*
    O *Der Schluss hat mit dem Thema nichts mehr zu tun.*

II. Sprachlicher Aspekt:

❶ Du schreibst durchgehend in der richtigen Zeitstufe, im Präsens. (3)   _____ P.
❷ Dein Satzbau einschließlich verwendeter Konjunktionen ist anspruchsvoll. (3)   _____ P.
❸ Du vermeidest Wiederholungen. (2)   _____ P.
❹ Du verwendest treffende Wörter. (2)   _____ P.
❺ Deine Satzanfänge sind passend und überlegt gewählt. (2)   _____ P.
❻ Du bist im grammatikalischen Bereich ziemlich sicher. (2)   _____ P.
❼ Du bist rechtschreibsicher. (2)   _____ P.

Deine Inhaltsangabe hat folgende sprachlichen Mängel:

O *falsche Zeitstufe (G)*	O *oft*	O *manchmal*
O *monotoner, zu kurzer Satzbau (A)*	O *häufig*	O *manchmal*
O *„Bandwurmsätze" (G)*	O *häufig*	O *manchmal*
O *„Allerweltswörter" (A)*	O *oft*	O *manchmal*
O *Wiederholungen (A)*	O *häufig*	O *manchmal*
O *grammatikalische Fehler (G)*	O *oft*	O *manchmal*
O *rechtschriftliche Probleme (R)*	O *häufig*	O *manchmal*

Erreichte Punktzahl:

_____ von 32 P.

Hinweise: Bei durchgehend falscher Zeitstufe sollte mindestens eine Notenstufe in Abzug gebracht werden. Bei unverständlicher Beschreibung und falscher Interpretation des Bildes in wesentlichen Teilen sollte die Arbeit mit der Note 6 bewertet werden.

Note:

✌ 32 - 29 = 1; ☺ 28,5 - 24 = 2; ☺ 23,5 - 19 = 3; ☻ 18,5 - 13 = 4; ☹ 12,5 - 6,5 = 5; 💣 6 - 0 = 6

„Der Winter ist ein rechter Mann"
(Ludwig Richter)

Ludwig Richter

Der deutsche Maler und Illustrator wurde am 28. September 1803 in Dresden geboren und starb dort am 19. Juni 1884. 1823 bis 1826 lernte er bei J. A. Koch in Rom, danach arbeitete er von 1828 bis 1835 als Zeichenlehrer an der Porzellanmanufaktur in Meißen. Sein Frühwerk bestand vor allem aus Landschaftsgemälden wie die berühmte „Überfahrt zum Schreckenstein" (1837). Später schilderte er eine biedermeierlich-zurückgezogene Welt mit vielen Holzschnitten, Radierungen und Federzeichnungen. In seinen volkstümlichen Illustrationen unter anderem von Märchen zeigte er bürgerlich-versponnene Familienidyllen.

Der Winter ist ein rechter Mann
(Bildbeschreibung)

Stefanie

Der Maler Ludwig Richter, der von 1803 bis 1884 vorwiegend in Dresden gelebt hat, hat ein Bild mit dem Titel „Der Winter ist ein rechter Mann" gezeichnet. Mit feiner Feder stellte er eine mittelalterliche Stadt im Winter **G** — Zeitstufe: Präsens!

mit den vorherrschenden Farbtönen① Weiß, Grau und Schwarz dar. **A** — 1 Kein Gemälde!

Auf der schneebedeckten② Straße sind zwei Jungen sichtbar. **R** — 2 Zwei Wörter!

der größere von ihnen hält eine Peitsche in der Hand. ~~Beide~~ *Jungen* ziehen einen Schlitten. Darauf sitzen ein Mädchen, ein Kleinkind und ein junger Hund, die in Decken gehüllt sind. Ein kleiner Junge hilft von hinten mit, das Gefährt fortzubewegen. Unmittelbar daneben springt kläffend ein Hund. Rechts vorne im Garten steht ein pfeiferauchender③ Mann im langen Wintermantel und einer Schirmmütze, der dem fröhlichen Treiben zusieht. **R** — 3 Zwei Wörter!

Eine vermummte Gestalt, die im Türbogen eines Hauses steht, betrachtet amüsiert die Straßenszene, wobei sie die Hände schützend in die Mantelärmel gesteckt hält. Im Vordergrund des Bildes lehnt an der Gartenmauer des Hauses ein großer dicker Schneemann mit Pfeife im Mund und Besen im Arm. Die Kindergruppe, die in der Mitte steht, bewerfen④ ihn als Zielscheibe mit Schnee- **G** — 4 Bezug beachten! Singular!

bälle⑤. Ein kleineres Mädchen, das den Schneemann bestimmt **G**

treffen möchte, stellt sich direkt davor. Die Schneeballschützen stehen vor einer gemauerten Brücke, die zu einem Tor im Hintergrund führt. Kaum sichtbar ist die auchtige Stadtmauer⑤, die Fachwerkhäuser und die zwei Türme. **G** — 5 Bezug beachten! Plural!

Mir gefällt das Bild deshalb so gut, weil es an die „gute alte Zeit" erinnert, die man nur noch aus Erzählungen kennt. Es muss eine geruhsame und wenig stressige Zeit gewesen sein.

| D | **Thema:** Der Winter ist ein rechter Mann | **Name:** Stefanie P. (M 8) | |

Bewertungsblatt: Bildbeschreibung

I. Inhaltlicher Aspekt:

❶ Einleitungsgedanke:

• In deiner Einleitung sind Bildtitel, Künstler, Art des Bildes mit Technik, Entstehungszeit und Bildinhalt aufgeführt. Der Umfang ist angemessen. (3)   __2__ P.

Deine Einleitung weist folgende Mängel auf:

     O *ist zu lang*

     O *nimmt Informationen vorweg, die zum Hauptteil gehören*

     O *ist zu kurz*

     O *Fehlen der Basisinformationen*

❷ Hauptteil:

• Du hast das Bild mit seinen Inhalten richtig erfasst. (5)   __5__ P.

• Du hast zur Beschreibung geeignete Strukturmerkmale verwendet. (5)   __5__ P.

Mängel: Dein Hauptteil ist inhaltlich nicht ganz richtig, weil du

     O *sachliche Fehler gemacht hast. (S)*

     O *Wesentliches weggelassen hast.*

     O *nicht auf bedeutsame Einzelheiten eingegangen bist.*

     O *die Einzelheiten nicht in Beziehung zueinander gesetzt hast.*

     O *keine geeignete Reihenfolge gefunden hast.*

❸ Schlussgedanke:

• Ein Gesamturteil über das Bild ist dir gut gelungen. Du hast die Wirkung des Bildes auf dich treffend beschrieben. (3)   __2__ P.

Folgende Mängel sind festzustellen:

     O *Der Schluss fehlt ganz.*

     O *Er ist zu lang.*

     O *Er ist zu kurz.*

     O *Er führt Bereiche an, die zum Hauptteil gehören.*

     O *Der Schluss hat mit dem Thema nichts mehr zu tun.*

II. Sprachlicher Aspekt:

❶ Du schreibst durchgehend in der richtigen Zeitstufe, im Präsens. (3)   __3__ P.

❷ Dein Satzbau einschließlich verwendeter Konjunktionen ist anspruchsvoll. (3)   __3__ P.

❸ Du vermeidest Wiederholungen. (2)   __2__ P.

❹ Du verwendest treffende Wörter. (2)   __2__ P.

❺ Deine Satzanfänge sind passend und überlegt gewählt. (2)   __2__ P.

❻ Du bist im grammatikalischen Bereich ziemlich sicher. (2)   __1__ P.

❼ Du bist rechtschreibsicher. (2)   __2__ P.

Deine Inhaltsangabe hat folgende sprachlichen Mängel:

O *falsche Zeitstufe (G)*	O *oft*	O *manchmal*
O *monotoner, zu kurzer Satzbau (A)*	O *häufig*	O *manchmal*
O *„Bandwurmsätze" (G)*	O *häufig*	O *manchmal*
O *„Allerweltswörter" (A)*	O *oft*	O *manchmal*
O *Wiederholungen (A)*	O *häufig*	O *manchmal*
⊗ *grammatikalische Fehler (G)*	O *oft*	⊗ *manchmal*
O *rechtschriftliche Probleme (R)*	O *häufig*	O *manchmal*

Erreichte Punktzahl:

__29__ von 32 P.

Hinweise: Bei durchgehend falscher Zeitstufe sollte mindestens eine Notenstufe in Abzug gebracht werden. Bei unverständlicher Beschreibung und falscher Interpretation des Bildes in wesentlichen Teilen sollte die Arbeit mit der Note 6 bewertet werden.

Note: **1**

| ✌ 32 - 29 = 1; ☺ 28,5 - 24 = 2; ☺ 23,5 - 19 = 3; ☻ 18,5 - 13 = 4; ☹ 12,5 - 6,5 = 5; ☀ 6 - 0 = 6 |

D

Merkblatt: Inhaltsangabe

Die Inhaltsangabe will in kurzer, prägnanter Form über den Inhalt eines Textes **informieren**. Deshalb muss **sachlich** und **knapp** geschrieben werden, denn der Leser will nur wissen, was im Text **geschieht**.

❶ Inhalt:

Die Inhaltsangabe unterliegt der **Dreiteilung** eines Aufsatzes.

① Einleitungssatz (Basissatz)

Hier sollten folgende Aspekte enthalten sein:

- Was? ⇨ _____ (z. B. Kurzgeschichte) mit _____ des Textes
- Wer? ⇨ _____ (Autor)
- Wann? ⇨ _____ der Entstehung (sofern angegeben)
- Worum geht es? ⇨ _____ des Textes mit _____, _____ und Personen

② Hauptteil

Hier erfolgt die Zusammenfassung der Handlung, wobei zwei Aspekte klar erkennbar sein müssen:

- der _____ Verlauf des Geschehens
- die _____ und die _____ des Geschehens

③ Schlusssatz

Hier sollte einer der beiden Aspekte ausformuliert sein:

- eine knappe _____ der _____ des Textes
- die _____ auf den Leser

❷ Sprache:

① Die Zeitstufe der Inhaltsangabe ist das _____ (_____). Das, was vor einer bestimmten Handlung geschehen ist, steht im _____ (_____).

② Die Sprache sollte _____ und _____ sein.

③ Soweit es möglich ist, sollte man _____ Worte verwenden, sich also von der Textvorlage lösen können. Zitate sind mit _____ zu versehen.

④ Wichtige Aussagen von Personen werden in der _____ Rede wiedergegeben.

⑤ Elemente der Erlebniserzählung wie die _____ Rede dürfen nicht verwendet werden.

⑥ Wenn möglich, sollte man so genannte „_____" (z. B. „plötzlich") vermeiden.

⑦ Stilistisch gut sind Satzgefüge mit _____, die gedankliche Bezüge herstellen.

❸ Planungsschritte:

① Erstes Durchlesen (⇨ grober Überblick), zweites Durchlesen (⇨ Einzelheiten, Personen u. a.)

② Den _____ des Textes erfassen (⇨ in Sinnabschnitte _____ ⇨ wichtige Stellen _____ ⇨ in knappen Worten formulieren, _____ es geht)

③ _____ der Handlungschritte nach der logischen Abfolge (Grund und Folge)

④ Formulieren des _____- und _____satzes

⑤ Ausarbeiten des _____ in sauberer und leserlicher Form (wenn Zeit, u. U. zuerst aufsetzen)

⑥ Genaues _____ mit Überprüfung nach _____

D

Merkblatt: Inhaltsangabe (Lösung)

Die Inhaltsangabe will in kurzer, prägnanter Form über den Inhalt eines Textes **informieren**. Deshalb muss **sachlich** und **knapp** geschrieben werden, denn der Leser will nur wissen, was im Text **geschieht**.

❶ Inhalt:

Die Inhaltsangabe unterliegt der **Dreiteilung** eines Aufsatzes.

① Einleitungssatz (Basissatz)

Hier sollten folgende Aspekte enthalten sein:

- Was? ⇨ _____**Textart**_____ (z. B. Kurzgeschichte) mit _____**Titel**_____ des Textes
- Wer? ⇨ _____**Verfasser**_____ (Autor)
- Wann? ⇨ _____**Datum**_____ der Entstehung (sofern angegeben)
- Worum geht es? ⇨ _____**Thema**_____ des Textes mit _____**Ort**_____ , _____**Zeit**_____ und Personen

② Hauptteil

Hier erfolgt die Zusammenfassung der Handlung, wobei zwei Aspekte klar erkennbar sein müssen:

- der _____**zeitliche**_____ Verlauf des Geschehens
- die _____**Ursachen**_____ und die _____**Folgen**_____ des Geschehens

③ Schlusssatz

Hier sollte einer der beiden Aspekte ausformuliert sein:

- eine knappe _____**Zusammenfassung**_____ der _____**Gesamtaussage**_____ des Textes
- die _____**Wirkung**_____ auf den Leser

❷ Sprache:

① Die Zeitstufe der Inhaltsangabe ist das _____**Präsens**_____ (_____**Gegenwart**_____). Das, was vor einer bestimmten Handlung geschehen ist, steht im _____**Perfekt**_____ (_____**2. Vergangenheit**_____).

② Die Sprache sollte _____**knapp**_____ und _____**sachlich**_____ sein.

③ Soweit es möglich ist, sollte man _____**eigene**_____ Worte verwenden, sich also von der Textvorlage lösen können. Zitate sind mit _____**Anführungszeichen**_____ zu versehen.

④ Wichtige Aussagen von Personen werden in der _____**indirekten**_____ Rede wiedergegeben.

⑤ Elemente der Erlebniserzählung wie die _____**wörtliche**_____ Rede dürfen nicht verwendet werden.

⑥ Wenn möglich, sollte man so genannte „_____**Spannungswörter**_____" (z. B. „plötzlich") vermeiden.

⑦ Stilistisch gut sind Satzgefüge mit _____**Konjunktionen**_____ , die gedankliche Bezüge herstellen.

❸ Planungsschritte:

① Erstes Durchlesen (⇨ grober Überblick), zweites Durchlesen (⇨ Einzelheiten, Personen u. a.)

② Den _____**Sinn**_____ des Textes erfassen (⇨ in Sinnabschnitte _____**gliedern**_____ ⇨ wichtige Stellen _____**unterstreichen**_____ ⇨ in knappen Worten formulieren, _____**worum**_____ es geht)

③ _____**Ordnen**_____ der Handlungschritte nach der logischen Abfolge (Grund und Folge)

④ Formulieren des _____**Einleitungs**_____- und _____**Schluss**_____satzes

⑤ Ausarbeiten des _____**Hauptteils**_____ in sauberer und leserlicher Form (wenn Zeit, u. U. zuerst aufsetzen)

⑥ Genaues _____**Durchlesen**_____ mit Überprüfung nach _____**Rechtschreibfehlern**_____

D	**Thema:**	**Name:**	

Bewertungsblatt: Inhaltsangabe

I. Inhaltlicher Aspekt:

❶ Einleitung:

• In deiner Einleitung sind Textart, Titel, Autor, die Thematik mit Ort, Zeit und Hauptpersonen _____ P.
aufgeführt. Der Umfang ist angemessen. (3)

Deine Einleitung weist folgende Mängel auf:

    O _ist zu lang_
    O _nimmt Informationen vorweg, die zum Hauptteil gehören_
    O _ist zu kurz_
    O _Fehlen der Basisinformationen_

❷ Hauptteil:

• Du hast den Inhalt ohne sachliche Fehler richtig erfasst. (2) _____ P.
• Du hast das Wesentliche knapp dargestellt und Unwichtiges weggelassen. (4) _____ P.
• Du hast dich von der Vorlage gelöst und eigene Formulierungen verwendet. (3) _____ P.
• Du hast keine persönlichen Wertungen vorgenommen. (1) _____ P.

Mängel: Dein Hauptteil ist inhaltlich nicht ganz richtig, weil du

    O _sachliche Fehler gemacht hast. (S)_
    O _Wesentliches weggelassen hast._
    O _Nebensächliches in den Vordergrund gestellt hast._
    O _dich zu eng an die Vorlage angelehnt hast._
    O _persönliche Wertungen vorgenommen hast._

❸ Schluss:

• Die Zusammenfassung des Textes ist dir gut gelungen. Du hast die Wirkung des Textes auf dich _____ P.
treffend beschrieben. (2)

Folgende Mängel sind festzustellen:

    O _Der Schluss fehlt ganz._
    O _Er ist zu lang._
    O _Er führt Bereiche an, die zum Hauptteil gehören._
    O _Der Schluss hat mit dem Thema nichts mehr zu tun._

II. Sprachlicher Aspekt:

❶ Du schreibst durchgehend knapp und in der richtigen Zeitstufe, im Präsens. (3) _____ P.
❷ Dein Satzbau einschließlich verwendeter Konjunktionen ist anspruchsvoll. (3) _____ P.
❸ Du vermeidest gedankliche Sprünge. (1) _____ P.
❹ Du vermeidest Wiederholungen. (2) _____ P.
❺ Du verwendest treffende Wörter. (1) _____ P.
❻ Deine Satzanfänge sind passend und überlegt gewählt. (1) _____ P.
❼ Du bist im grammatikalischen Bereich ziemlich sicher. (2) _____ P.
❽ Du bist rechtschreibsicher. (2) _____ P.

Deine Inhaltsangabe hat folgende sprachlichen Mängel:

			Erreichte Punktzahl:
O _falsche Zeitstufe (G)_	O _oft_	O _manchmal_	
O _monotoner Satzbau (A)_	O _häufig_	O _manchmal_	_____ von 30 P.
O _„Bandwurmsätze" (G)_	O _häufig_	O _manchmal_	
O _„Allerweltswörter" (A)_	O _oft_	O _manchmal_	
O _Wiederholungen (A)_	O _häufig_	O _manchmal_	
O _grammatikalische Fehler (G)_	O _oft_	O _manchmal_	**Note:**
O _rechtschriftliche Probleme (R)_	O _häufig_	O _manchmal_	

Hinweise: Bei durchgehend falscher Zeitstufe sollte mindestens eine Notenstufe in Abzug gebracht werden. Bei unveränderter Übernahme der Vorlage in wesentlichen Teilen sollte die Arbeit mit der Note 6 bewertet werden.

   ✌ 30 - 27 = 1; ☺ 26,5 - 22,5 = 2; ☺ 22 - 18 = 3; ☺ 17,5 - 12 = 4; ☹ 11,5 - 6 = 5; ☀ 5,5 - 0 = 6

Die Probe
(Inhaltsangabe)

Bianca

Die Kurzgeschichte „Die Probe" schrieb Herbert Malecha. ①

Redluff, ein Verbrecher, nimmt wieder seit drei 3 Monaten

Kontakt zum ~~Leben~~ (Gesellschaft) auf. Vor drei Monaten sah es noch

ganz anders aus. Auf jeder Anschlagssäule konnte

man seinen Namen lesen. ~~Jens Redluff.~~

Redluff hat Mühe, den Schritt mit den anderen mit- ②

zuhalten. Doch schafft er es, in einem kleinen Lokal ein-

zutreten und einen Konjak ~~Doppelt~~ zu bestellen. In der ③

Zwischenzeit kommen zwei Männer, einer davon klein (herein)

und ~~stockig,~~ der andere groß mit einem Ledermantel ④

~~an.~~ ~~herein~~ Die zwei Männer gehen von Tisch zu Tisch. ⑤

Nun kommt der große Mann auf Jens Redluff zu. Er

bittet ihn, ihm seinen Ausweis zu geben. ⑥ Jens fühlt ⑥

in seine Jackentasche und zieht einen gefälschten Pass

mit dem Namen ~~Herr~~ Wolters ~~ganz unbewusst~~ heraus.

Der Mann blättert den Ausweis durch und gibt ihm ~~dem~~

~~Ausweis~~ wieder. Jetzt hat er es ~~bestanden.~~ ⑧ Er hat die Probe ⑦

geschafft. ~~Er könnte~~ (Erlebniserzähleelement!) ~~jubeln und singen.~~ Nach diesem ~~freu-~~

~~digen~~ Vorfall geht er auf eine Ausstellung. Er stellt sich ⑨

in eine Reihe ~~voller~~ drängelnder Menschen. Als ~~Jens~~ (Redluff) hinein-

gehen will, drückt man ihm einen riesen Blumenstrauß in ⑩

~~seine~~ (die) Hand und Fotoblitze kommen von überall her. Er ~~besteht~~ ⑪

wie betäubt da. ~~Er~~ (Redluff) Wird aufgefordert, seinen Namen zu

sagen, denn er ist ⑫ der hunderttausendste Besucher der Aus-

stellung. Dummerweise sagt er seinen „richtigen" Namen, Jens ⑬

Redluff. Noch ehe er weiß, was er sagt, schallt es überall ⑭

durch die Lautsprecher. Die Polizisten kommen auf ~~Jens~~ (Redluff) zu. ⑮

---

1 Einleitung zu kurz! Worum geht es in dieser Kurzgeschichte?

2 Mit wem?

3 Vor das Wort Konjak setzen!

4 Ersetzen! Von der Vorlage lösen!

5 Besseres Wort!

6 Bessere Ausdrücke!

7 Falscher Kasus! Durch Pronomen ersetzen!

8 Die beiden Sätze verbinden!

9 Allerweltswort ersetzen!

10 Adjektiv!

11 Falsches Verb!

12 Konjunktiv!

13 Allerweltswort ersetzen!

14 Falsche Zeitstufe!

15 Schluss fehlt!

| **D** | **Thema:** Die Probe (H. Malecha) | **Name:** Bianca L. (M 8) | |

Bewertungsblatt: Inhaltsangabe

I. Inhaltlicher Aspekt:

❶ Einleitung:

• In deiner Einleitung sind Textart, Titel, Autor, die Thematik mit Ort, Zeit und Hauptpersonen   _1_ P.
aufgeführt. Der Umfang ist angemessen. (3)

Deine Einleitung weist folgende Mängel auf:

    O *ist zu lang*

    O *nimmt Informationen vorweg, die zum Hauptteil gehören*

    ⊗ *ist zu kurz*

    ⊗ *Fehlen der Basisinformationen*

❷ Hauptteil:

• Du hast den Inhalt ohne sachliche Fehler richtig erfasst. (2)   _2_ P.

• Du hast das Wesentliche knapp dargestellt und Unwichtiges weggelassen. (4)   _3_ P.

• Du hast dich von der Vorlage gelöst und eigene Formulierungen verwendet. (3)   _2_ P.

• Du hast keine persönlichen Wertungen vorgenommen. (1)   _1_ P.

Mängel: Dein Hauptteil ist inhaltlich nicht ganz richtig, weil du

    O *sachliche Fehler gemacht hast. (S)*

    O *Wesentliches weggelassen hast.*

    O *Nebensächliches in den Vordergrund gestellt hast.*

    O *dich zu eng an die Vorlage angelehnt hast.*

    O *persönliche Wertungen vorgenommen hast.*

❸ Schluss:

• Die Zusammenfassung des Textes ist dir gut gelungen. Du hast die Wirkung des Textes auf dich   — P.
treffend beschrieben. (2)

Folgende Mängel sind festzustellen:

    ⊗ *Der Schluss fehlt ganz.*

    O *Er ist zu lang.*

    O *Er führt Bereiche an, die zum Hauptteil gehören.*

    O *Der Schluss hat mit dem Thema nichts mehr zu tun.*

II. Sprachlicher Aspekt:

❶ Du schreibst durchgehend knapp und in der richtigen Zeitstufe, im Präsens. (3)   _2_ P.

❷ Dein Satzbau einschließlich verwendeter Konjunktionen ist anspruchsvoll. (3)   _1_ P.

❸ Du vermeidest gedankliche Sprünge. (1)   _1_ P.

❹ Du vermeidest Wiederholungen. (2)   _1_ P.

❺ Du verwendest treffende Wörter. (1)   _1_ P.

❻ Deine Satzanfänge sind passend und überlegt gewählt. (1)   _1_ P.

❼ Du bist im grammatikalischen Bereich ziemlich sicher. (2)   _1_ P.

❽ Du bist rechtschreibsicher. (2)   _2_ P.

Deine Inhaltsangabe hat folgende sprachlichen Mängel:

O *falsche Zeitstufe (G)*	O *oft*	O *manchmal*
⊗ *Satzbau, Ausdruck (A)*	⊗ *häufig*	O *manchmal*
O *„Bandwurmsätze" (G)*	O *häufig*	O *manchmal*
⊗ *„Allerweltswörter" (A)*	⊗ *oft*	O *manchmal*
⊗ *Wiederholungen (A)*	O *häufig*	⊗ *manchmal*
⊗ *grammatikalische Fehler (G)*	O *oft*	⊗ *manchmal*
O *rechtschriftliche Probleme (R)*	O *häufig*	O *manchmal*

Erreichte Punktzahl:

19 von 30 P.

Note: **3**

Hinweise: Bei durchgehend falscher Zeitstufe sollte mindestens eine Notenstufe in Abzug gebracht werden. Bei unveränderter Übernahme der Vorlage in wesentlichen Teilen sollte die Arbeit mit der Note 6 bewertet werden.

✌ 30 - 27 = 1; ☺ 26,5 - 22,5 = 2; ☺ 22 - 18 = 3; ☺ 17,5 - 12 = 4; ☹ 11,5 - 6 = 5; ✴ 5,5 - 0 = 6

Die Probe
(Herbert Malecha)

Redluff sah, das schrille Quietschen der Bremsen noch in den Ohren, wie sich das Gesicht des Fahrers ärgerlich verzog. Mit zwei taumeligen Schritten war er wieder auf dem Gehweg. „Hat es Ihnen was gemacht?" Er fühlte sich am Ellbogen angefasst. Mit einer fast brüsken Bewegung machte er sich frei. „Nein, nein, schon gut. Danke", sagte er noch, beinahe schon über die Schulter, als er merkte, dass ihm der Alte nachstarrte. Eine Welle von Schwäche stieg von seinen Knien auf, wurde fast zur Übelkeit. Das hätte ihm gerade gefehlt, angefahren auf der Straße liegen, eine gaffende Menge und darin die Polizei. Er durfte jetzt nicht schwach werden, nur weiterlaufen, unauffällig weiterlaufen zwischen den vielen Menschen auf der hellen Straße. Langsam ließ das Klopfen im Halse nach. Seit drei Monaten war er zum erstenmal in der Stadt, zum erstenmal wieder unter so vielen Menschen. Ewig konnte er in dem Loch sich ja nicht verkriechen, er musste einmal wieder raus, wieder Kontakt aufnehmen mit dem Leben, überhaupt raus aus allem. Ein Schiff musste sich finden lassen, möglichst noch, bevor es Winter wurde. Seine Hand fuhr leicht über die linke Brustseite seines Jacketts, er spürte den Pass, der in der Innentasche steckte; gute Arbeit war dieser Pass, er hatte auch nicht schlecht dafür bezahlt.

Die Autos auf der Straße waren zu einer langen Kette aufgefahren. Nur stockend schoben sie sich vorwärts. Menschen gingen an ihm vorbei, kamen ihm entgegen; er achtete darauf, dass sie ihn nicht streiften. Einem Platzregen von Gesichtern war er ausgesetzt, fahle Ovale, die sich mit dem wechselnden Reklamelicht verfärbten. Redluff strengte sich an, den Schritt der vielen anzunehmen, mitzuschwimmen in dem Strom. Stimmen, abgerissene Gesprächsfetzen schlugen an sein Ohr, jemand lachte. Für eine Sekunde haftete sein Blick an dem Gesicht einer Frau, ihr offener, bemalter Mund sah schwarz gerändert aus. Die Autos fuhren jetzt an, ihre Motoren summten auf. Eine Straßenbahn schrammte vorbei. Und wieder Menschen, Menschen, ein Strom flutender Gesichter, Sprechen und hundertfache Schritte. Redluff fuhr unwillkürlich mit der Hand an seinen Kragen. An seinem Hals merkte er, dass seine Finger kalt und schweißig waren. Wovor hab' ich denn eigentlich Angst, verdammte Einbildung, wer soll mich denn schon erkennen in dieser Menge, sagte er sich. Aber er spürte nur zu genau, dass er in ihr nicht eintauchen konnte, dass er wie ein Kork auf dem Wasser tanzte, abgestoßen und weitergetrieben. Ihn fror plötzlich. Nichts wie verdammte Einbildung, sagte er sich wieder. Vor drei Monaten war das ja noch anders, da stand sein Name schwarz auf rotem Papier auf jeder Anschlagsäule zu lesen, Jens Redluff, nur gut, dass das Foto so schlecht war. Der Name stand damals fett in den Schlagzeilen der Blätter, wurde darin klein und kleiner, auch das Fragezeichen dahinter rutschte in die letzten Spalten und verschwand bald ganz. Redluff war jetzt in eine Seitenstraße abgebogen, der Menschenstrom wurde dünner, noch ein paar Abbiegungen, und die Rinnsale lösten sich auf, zerfielen in einzelne Gestalten, einzelne Schritte. Hier war es dunkler. Er konnte den Kragen öffnen und die Krawatte nachlassen. Der Wind brachte einen brackigen Lufthauch vom Hafen her. Ihn fröstelte. Ein breites Lichtband fiel quer vor ihm über die Straße, jemand kam aus dem kleinen Lokal, mit ihm ein Dunst nach Bier, Qualm und Essen. Redluff ging hinein. Die kleine, als Café aufgetakelte Kneipe war fast leer, ein paar Soldaten saßen herum, grelle Damen in ihrer Gesellschaft. Auf den kleinen Tischen standen Lämpchen mit pathetisch roten Schirmen. Ein Musikautomat begann aus der Ecke zu hämmern. Hinter der Theke lehnte ein dicker Bursche mit bloßen Armen. Er schaute nur flüchtig auf. „Konjak, doppelt", sagte Redluff zu dem Kellner. Er merkte, dass er seinen Hut noch in der Hand hielt und legte ihn auf den leeren Stuhl neben sich. Er steckte sich eine Zigarette an, die ersten tiefen Züge machten ihn leicht benommen. Schön war es hier, er streckte seine Füße lang aus. Die Musik hatte gewechselt. Über gezogen jaulenden Gitarrentönen hörte er halblautes Sprechen, ein spitzes Lachen vom Nachbartisch. Gut saß es sich hier. Der Dicke hinter der Theke drehte jetzt seinen Kopf nach der Tür. Draußen fiel eine Wagentür schlagend zu. Gleich darauf kamen zwei Männer herein, klein und stockig der eine davon. Er blieb in der Mitte stehen, der andere, im langen Ledermantel, steuerte auf den Nachbartisch zu. Keiner von beiden nahm seinen Hut ab. Redluff versuchte hinüberzuschielen, es durchfuhr ihn. Er sah, wie der Große sich über den Tisch beugte, kurz etwas Blinkendes in der Hand hielt. Die Musik hatte ausgesetzt. „What's he want?", hörte er den Neger vom Nebentisch sagen. „What's he want?" Er sah seine wulstigen Lippen sich bewegen. Das Mädchen kramte eine bunte Karte aus ihrer Handtasche. „What's he want?", sagte der Neger eigensinnig. Der Mann war schon zum nächsten Tisch gegangen. Redluff klammerte sich mit der einen Hand an die Tischkante. Er sah, wie die Fingernägel sich entfärbten. Der rauchige Raum schien ganz leicht zu schwanken, ganz leicht. Ihm war, als müsste er auf dem sich neigenden Boden jetzt langsam samt Tisch und Stuhl auf die andere Seite rutschen. Der Große hatte seine Runde beendet und ging auf den anderen zu, der immer noch mitten im Raum stand, die Hände in den Manteltaschen. Redluff sah, wie er zu dem Großen etwas sagte. Er konnte es nicht verstehen. Dann kam er geradewegs auf ihn zu. „Sie entschuldigen", sagte er, „Ihren Ausweis, bitte!" Redluff schaute erst gar nicht auf das runde Metall in seiner Hand. Er drückte seine Zigarette aus und war plötzlich völlig ruhig. Er wusste es selbst nicht, was ihn mit einmal so ruhig machte, aber seine Hand, die in die Innentasche seines Jacketts fuhr, fühlte den Stoff nicht, den sie berührte, sie war wie von Holz. Der Mann blätterte langsam in dem Pass, hob ihn besser in das Licht. Redluff sah die Falten auf der gerunzelten Stirn, eins, zwei, drei. Der Mann gab ihm den Pass zurück. „Danke, Herr Wolters", sagte er. Aus seiner unnatürlichen Ruhe heraus hörte Redluff sich selber sprechen. „Das hat man gern, so kontrolliert zu werden wie –", er zögerte etwas, „ein Verbrecher!" Seine Stimme stand spröde im Raum. Er hatte doch gar nicht so laut gesprochen. „Man sieht manchmal jemand ähnlich", sagte der Mann, grinste, als hätte er einen feinen Witz gemacht. „Feuer?" Er fingerte eine halbe Zigarette aus der Manteltasche. Redluff schob seine Hand mit dem brennenden Streichholz längs der Tischkante ihm entgegen.

Die beiden gingen. Redluff lehnte sich in seinen Stuhl zurück. Die Spannung in ihm zerbröckelte, die eisige Ruhe schmolz. Er hätte jubeln können. Das war es, das war die Probe, und er hatte sie bestanden. Triumphierend setzte der Musikautomat wieder ein. „He, Sie vergessen Ihren Hut", sagte der Dicke hinter der Theke. Draußen atmete er tief, seine Schritte schwangen weit aus, am liebsten hätte er gesungen. Langsam kam er wieder in belebtere Straßen, die Lichter nahmen zu, die Läden, die Leuchtzeichen an den Wänden. Aus einem Kino kam ein Knäuel Menschen, sie lachten und schwatzten, er mitten unter ihnen. Es tat ihm wohl, wenn sie ihn streiften. „Hans", hörte er eine Frauenstimme hinter sich, jemand fasste seinen Arm. „Tut mir leid", sagte er und lächelte in das enttäuschte Gesicht. Verdammt hübsch, sagte er zu sich. Im Weitergehen nestelte er an seiner Krawatte. Dunkel glänzende Wagen sangen über den blanken Asphalt, Kaskaden wechselnden Lichts ergossen sich von den Fassaden, Zeitungsverkäufer riefen die Abendausgaben aus. Hinter einer großen, leicht beschlagenen Spiegelglasscheibe sah er undeutlich tanzende Paare; pulsierend drang die Musik abgedämpft bis auf die Straße. Ihm war wie nach Sekt. Ewig hätte er so gehen können, so wie jetzt. Er gehörte wieder dazu, er hatte den Schritt der vielen, es machte ihm keine Mühe mehr. Im Sog der Menge ging er über den großen Platz auf die große Halle zu mit ihren Ketten von Glühlampen und riesigen Transparenten. Um die Kassen vor dem Einlass drängten sich Menschen. Von irgendwoher flutete Lautsprechermusik. Stand dort nicht das Mädchen von vorhin? Redluff stellte sich hinter sie in die Reihe. Sie wandte den Kopf zu, er spürte einen Hauch von Parfüm. Dicht hinter ihr zwängte er sich durch den Einlass. Immer noch flutete die Musik, er hörte das Gewirr von Hunderten von Stimmen. Ein paar Polizisten suchten etwas Ordnung in das Gedränge zu bringen. Ein Mann in einer Art von Portiersuniform nahm ihm seine Einlasskarte ab. „Der, der!", rief er auf einmal und deutete aufgeregt hinter ihm her. Gesichter wandten sich, jemand im schwarzen Anzug kam auf ihn zu, ein blitzendes Ding in der Hand. Gleißendes Scheinwerferlicht übergoss ihn. Jemand drückte ihm einen Riesenblumenstrauß in die Hände. Zwei strahlend lächelnde Mädchen hakten ihn rechts und links unter, Fotoblitze zuckten. Und zu allem dröhnte eine geölte Stimme, die vor innerer Freudigkeit fast zu bersten schien: „Ich darf Ihnen im Namen der Direktion von ganzem Herzen gratulieren, Sie sind der hunderttausendste Besucher der Ausstellung!" Redluff stand wie betäubt. „Und jetzt sagen Sie uns Ihren werten Namen", schnalzte die Stimme unwiderstehlich weiter. „Redluff, Jens Redluff", sagte er, noch ehe er wusste, was er sagte, und schon hatten es die Lautsprecher dröhnend bis in den letzten Winkel der riesigen Halle getragen. Der Kordon der Polizisten, der eben noch die applaudierende Menge zurückgehalten hatte, löste sich langsam auf. Sie kamen auf ihn zu.

Wochenzeitung DIE ZEIT
© *Marion-von-Schröder-Verlag, Hamburg 1955*

Die Probe
(Inhaltsangabe)

Stefanie

Die Kurzgeschichte mit dem Titel „Die Probe" schrieb Herbert Malecha.

Der Verbrecher Reno Redluff der seit drei Wochen gesucht wird, kommt endlich wieder aus seinem Versteck und begibt sich unter die Menschenmenge. Er geht die Straße entlang und nähert sich einem kleinen Lokal, in diesem er einen doppelten Kanjak bestellt. Kurz danach kommen zwei Männer herein einer davon klein und stockig, der andere groß und im Ledermantel. Die beiden kommen zu Redluffs Tisch und verlangen nach seinem Ausweis. Er holt seinen gefälschten Pass aus dem Jackett wo der Name Herr Wolters zu lesen war. Als er den Pass zurückbekommt freut er sich, da er die Probe bestanden hat, weil man den Schwindel nicht bemerkt hat. Danach macht er sich wieder auf den Weg und geht die Straße weiter entlang. Er nähert sich einem großen Platz wo eine Halle aufgebaut ist. Redluff stellt sich hinter die Warteschlange die zur Halle führt. Ein paar Polizisten suchen Ordnung in das Gedränge zu bringen. Ein Mann in einer Portiersuniform nimmt Redluff die Einlasskarte ab und gratuliert ihm zum hunderttausendsten Besucher der Ausstellung. Redluff soll nun seinen Namen sagen und statt Herr Wolters gibt er den Namen Jens Redluff an, in diesem Moment hat er sich verraten. Die Polizisten kommen auf Redluff zu.

Mir gefällt diese Geschichte gut, da sie spannend ist und dass man sich den Schluss selber denken kann.

D | **Thema:** Die Probe (H. Malecha) | **Name:** Stefanie P. (M 8)

Bewertungsblatt: Inhaltsangabe

I. Inhaltlicher Aspekt:

❶ Einleitung:

• In deiner Einleitung sind Textart, Titel, Autor, die Thematik mit Ort, Zeit und Hauptpersonen aufgeführt. Der Umfang ist angemessen. (3)   __1__ P.

Deine Einleitung weist folgende Mängel auf:

     O *ist zu lang*

     O *nimmt Informationen vorweg, die zum Hauptteil gehören*

     ⊗ *ist zu kurz*

     ⊗ *Fehlen der Basisinformationen*

❷ Hauptteil:

• Du hast den Inhalt ohne sachliche Fehler richtig erfasst. (2)   __2__ P.

• Du hast das Wesentliche knapp dargestellt und Unwichtiges weggelassen. (4)   __4__ P.

• Du hast dich von der Vorlage gelöst und eigene Formulierungen verwendet. (3)   __2__ P.

• Du hast keine persönlichen Wertungen vorgenommen. (1)   __1__ P.

Mängel: Dein Hauptteil ist inhaltlich nicht ganz richtig, weil du

     O *sachliche Fehler gemacht hast. (S)*

     O *Wesentliches weggelassen hast.*

     O *Nebensächliches in den Vordergrund gestellt hast.*

     O *dich zu eng an die Vorlage angelehnt hast.*

     O *persönliche Wertungen vorgenommen hast.*

❸ Schluss:

• Die Zusammenfassung des Textes ist dir gut gelungen. Du hast die Wirkung des Textes auf dich treffend beschrieben. (2)   __2__ P.

Folgende Mängel sind festzustellen:

     O *Der Schluss fehlt ganz.*

     O *Er ist zu lang.*

     O *Er führt Bereiche an, die zum Hauptteil gehören.*

     O *Der Schluss hat mit dem Thema nichts mehr zu tun.*

II. Sprachlicher Aspekt:

❶ Du schreibst durchgehend knapp und in der richtigen Zeitstufe, im Präsens. (3)   __3__ P.

❷ Dein Satzbau einschließlich verwendeter Konjunktionen ist anspruchsvoll. (3)   __2__ P.

❸ Du vermeidest gedankliche Sprünge. (1)   __1__ P.

❹ Du vermeidest Wiederholungen. (2)   __1__ P.

❺ Du verwendest treffende Wörter. (1)   __1__ P.

❻ Deine Satzanfänge sind passend und überlegt gewählt. (1)   __1__ P.

❼ Du bist im grammatikalischen Bereich ziemlich sicher. (2)   __–__ P.

❽ Du bist rechtschreibsicher. (2)   __2__ P.

Deine Inhaltsangabe hat folgende sprachlichen Mängel:

O *falsche Zeitstufe (G)*	O *oft*	O *manchmal*
⊗ *Satzbau, Ausdruck (A)*	O *häufig*	⊗ *manchmal*
O *„Bandwurmsätze" (G)*	O *häufig*	O *manchmal*
O *„Allerweltswörter" (A)*	O *oft*	O *manchmal*
⊗ *Wiederholungen (A)*	O *häufig*	⊗ *manchmal*
⊗ *grammatikalische Fehler (G)*	⊗ *oft*	O *manchmal*
O *rechtschriftliche Probleme (R)*	O *häufig*	O *manchmal*

Erreichte Punktzahl:

__23__ von 30 P.

Note: **2**

Hinweise: Bei durchgehend falscher Zeitstufe sollte mindestens eine Notenstufe in Abzug gebracht werden. Bei unveränderter Übernahme der Vorlage in wesentlichen Teilen sollte die Arbeit mit der Note 6 bewertet werden.

✌ 30 - 27 = 1; ☺ 26,5 - 22,5 = 2; ☺ 22 - 18 = 3; ☹ 17,5 - 12 = 4; ☹ 11,5 - 6 = 5; 💣 5,5 - 0 = 6

Die Probe
(Inhaltsangabe)

Stefanie

Die Kurzgeschichte mit dem Titel „Die Probe" schrieb Herbert Malecha. ①

Der Verbrecher Reno Redluff, der seit drei Wochen gesucht wird, kommt endlich wieder aus seinem Versteck und begibt sich unter die Menschenmenge. Er geht die Straße entlang und nähert sich einem kleinen Lokal, in ② diesem er einen doppelten Konjak bestellt. Kurz danach kommen zwei Männer herein, einer davon klein und stockig, ③ der andere groß und im Ledermantel. Die beiden ④ kommen zu Redluffs Tisch und verlangen ~~nach~~ seinen Ausweis. Er holt seinen gefälschten Pass aus dem Jackett, ⑤ wo der Name Herr Wolters zu lesen ⑥ war. Als er den Pass zurückbekommt, freut er sich, da er die Probe bestanden hat, weil man ⑦ den Schwindel nicht bemerkt hat. Danach macht er sich ^Redluff ~~wieder~~ auf den Weg und geht die Straße weiter entlang. Er nähert sich einem großen Platz, wo eine Halle aufgebaut ist. Redluff stellt sich hinter die ⑧ Warteschlange, die zur Halle führt. Ein paar Polizisten suchen Ordnung in das Gedränge zu bringen. Ein Mann in einer Portieruniform nimmt Redluff die ⑨ Einlasskarte ab und gratuliert ihm ~~zum~~ ^als dem hunderttausendsten Besucher der Ausstellung. Redluff soll nun seinen Namen sagen und statt ~~Herr~~ Wolters gibt er den Namen Jens ⑩ Redluff an. ~~In~~ ^In diesem Moment hat er sich verraten. Die Polizisten kommen auf ⑪ Redluff zu.

Mir gefällt diese Geschichte gut, da sie spannend ist und ~~dass~~ man sich den Schluss selber denken kann.

---

1 Einleitung zu kurz! Worum geht es in dieser Kurzgeschichte?

A **2** Besseres Wort!

3 Ersetzen! Von der Vorlage lösen!

A **4** Ersetzen!

G

G **5** Besseres Wort!

G **6** Falsche Zeitstufe!

7 Wer?

G

A **8** Besseren Ausdruck finden!

A,G

9 Gebräuchlicheres Wort!

A **10** Warum?

11 Durch Pronomen ersetzen!

A

D	**Thema:** Die Probe (H. Malecha)	**Name:** Tanja D. (M 8)	

Bewertungsblatt: Inhaltsangabe

I. Inhaltlicher Aspekt:

❶ Einleitung:

• In deiner Einleitung sind Textart, Titel, Autor, die Thematik mit Ort, Zeit und Hauptpersonen aufgeführt. Der Umfang ist angemessen. (3)   **0,5** P.

Deine Einleitung weist folgende Mängel auf:

- O *ist zu lang*
- O *nimmt Informationen vorweg, die zum Hauptteil gehören*
- ⊗ *ist zu kurz*
- ⊗ *Fehlen der Basisinformationen*

❷ Hauptteil:

• Du hast den Inhalt ohne sachliche Fehler richtig erfasst. (2)   **2** P.

• Du hast das Wesentliche knapp dargestellt und Unwichtiges weggelassen. (4)   **3** P.

• Du hast dich von der Vorlage gelöst und eigene Formulierungen verwendet. (3)   **3** P.

• Du hast keine persönlichen Wertungen vorgenommen. (1)   **1** P.

Mängel: Dein Hauptteil ist inhaltlich nicht ganz richtig, weil du

- O *sachliche Fehler gemacht hast. (S)*
- O *Wesentliches weggelassen hast.*
- O *Nebensächliches in den Vordergrund gestellt hast.*
- O *dich zu eng an die Vorlage angelehnt hast.*
- O *persönliche Wertungen vorgenommen hast.*

❸ Schluss:

• Die Zusammenfassung des Textes ist dir gut gelungen. Du hast die Wirkung des Textes auf dich treffend beschrieben. (2)   **1** P.

Folgende Mängel sind festzustellen:

- O *Der Schluss fehlt ganz.*
- O *Er ist zu lang.*
- O *Er führt Bereiche an, die zum Hauptteil gehören.*
- O *Der Schluss hat mit dem Thema nichts mehr zu tun.*

II. Sprachlicher Aspekt:

❶ Du schreibst durchgehend knapp und in der richtigen Zeitstufe, im Präsens. (3)   **1** P.

❷ Dein Satzbau einschließlich verwendeter Konjunktionen ist anspruchsvoll. (3)   **1** P.

❸ Du vermeidest gedankliche Sprünge. (1)   **1** P.

❹ Du vermeidest Wiederholungen. (2)   **1** P.

❺ Du verwendest treffende Wörter. (1)   **1** P.

❻ Deine Satzanfänge sind passend und überlegt gewählt. (1)   **1** P.

❼ Du bist im grammatikalischen Bereich ziemlich sicher. (2)   **–** P.

❽ Du bist rechtschreibsicher. (2)   **–** P.

Deine Inhaltsangabe hat folgende sprachlichen Mängel:

⊗ *falsche Zeitstufe (G)*	⊗ *oft*	O *manchmal*
⊗ *Satzbau, Ausdruck (A)*	O *häufig*	⊗ *manchmal*
O *„Bandwurmsätze" (G)*	O *häufig*	O *manchmal*
⊗ *„Allerweltswörter" (A)*	⊗ *oft*	⊗ *manchmal*
⊗ *Wiederholungen (A)*	O *häufig*	⊗ *manchmal*
⊗ *grammatikalische Fehler (G)*	⊗ *oft*	O *manchmal*
⊗ *rechtschriftliche Probleme (R)*	⊗ *häufig*	O *manchmal*

Erreichte Punktzahl:

16,5 von 30 P.

Note: **4**

Hinweise: Bei durchgehend falscher Zeitstufe sollte mindestens eine Notenstufe in Abzug gebracht werden. Bei unveränderter Übernahme der Vorlage in wesentlichen Teilen sollte die Arbeit mit der Note 6 bewertet werden.

✌ 30 - 27 = 1; ☺ 26,5 - 22,5 = 2; ☺ 22 - 18 = 3; ☹ 17,5 - 12 = 4; ☹ 11,5 - 6 = 5; 💣 5,5 - 0 = 6

Die Probe
(Inhaltsangabe)

Tanja

Die Geschichte „Die Probe" wurde von Herbert *(1)*

Malecha geschrieben. *(2)*

Ein Mann namens Jens Redluff zog durch die **G**

Straßen. Er war ein gesuchter Verbrecher. In seinen **G**

Jacket befand sich ein gefälschter Paß, für **R,G**

dem Redluff viel Geld bezahlen musste. Als er **R**

einige Seitenstraßen durchlaufen hat, geht er in *(3)* **A**

ein Lokal. Dort setzt er sich an einen Tisch und

steckt sich eine Zigarette an. Außerdem bestellt

er sich einen doppelten Konjak. Einige Zeit später

kommt die Polizei zur Tür herein und kontrol- **R**

liert die Gäste. Die beiden Beamten schon wieder *(4)* **A**

gehen wollten, ging der eine noch zu Redluff hin *(5)* **G,A**

und bittet ihn um seinen Pass. Er wird auf *(6)* **G**

einmal ganz ruhig. Nach ein paar Sekunden gibt

der Polizeibeamte den Pass mit den Worten „Danke,

Herr Walters". Als er *(7)* den Lokalbesuch beendet, **A**

zieht er weiter über den großen Platz und

geht zu einer Halle. Redluff war dort der Hundert- -**A,G,R**

tausendste Besucher und wurde mit einem **G**

Blumenstrauß beschenkt. Als jemand der Di- *(9)* *(10)* **A**

rektion nach seinen Namen fragt, sagt er *(11)* **G**

„Jens Redluff" und verrät sich so selbst. Er

wird sofort festgenommen. Diese Geschichte

gefällt mir gut, weil sie spannend erzählt **R**

wird.

1 Welche Art?

2 Einleitung zu kurz! Worum geht es in dieser Kurzgeschichte?

3 Allerweltswort!

4 Ergänze!

5 Allerweltswort!

6 Bezugsfehler!

7 Hier fehlt jeweils ein Wort!

8 Allerweltswort!

9 Besseres Wort!

10 Hier fehlt ein Wort!

11 Kasusfehler!

Absatz!

D

Merkblatt: Protokoll

Ein Protokoll soll das Wesentliche einer Sache in kurzer, prägnanter Form inhaltlich richtig wiedergeben. Protokolle sind informative Texte über Unterrichtsstunden (eine oder mehrere), Verhandlungen (Gericht), Versammlungen (Verein, Firma) und Besprechungen (Stadtrat, Betrieb).

❶ Inhalt:

① Protokollarten:

Überlege zuerst, welche Protokollart von dir verlangt wird.

Ein **Verlaufsprotokoll** hält den _____ einer Veranstaltung in _____ Reihenfolge fest. Ein **Ergebnisprotokoll** fasst entscheidende _____ zusammen. Ein **erweitertes Ergebnisprotokoll** hält nicht nur wichtige Ergebnisse, sondern auch wichtige _____-_____ fest. Ein **wörtliches Protokoll** hält jede Einzelheit in wörtlicher Wiedergabe fest.

② Ausführung:

Bei Protokollen ist ein bestimmter **formaler Rahmen** zu beachten. Der Protokollkopf enthält Angaben über _____, _____ (Datum, Beginn und Ende der Veranstaltung), Zahl und Namen der _____, _____ und Tagesordnungspunkte. Verwendet wird nur Schreibmaschinenpapier im DIN A 4 - Format, wobei die Beschriftung der _____ unterbleiben sollte. **Übersichtlichkeit** und **Anschaulichkeit** erreicht man durch Absätze, kurze Formulierungen, Skizzen und Pfeilverbindungen.

❷ Sprache:

① Die Zeitstufe des Protokolls kann sowohl das _____ (Verlaufs- und Ergebnisprotokoll) als auch das _____ (Gedächtnisprotokoll) sein.

② Die Sprache sollte _____, _____ und _____ sein.

③ Wichtige Aussagen von Personen (Redebeiträge) sollten in die _____ Rede oder in _____ umgeformt werden. Nur das wörtliche Protokoll enthält _____-_____ Reden.

④ Stilistisch gut machen sich:

- **Infinitivkonstruktionen:** Herr Meier beantragt(e), eine Abstimmung **durchzuführen**.
- **Nominalkonstruktionen:** Herr Meier beantragt(e) **die Durchführung** einer Abstimmung.
- **Präpositionalkonstruktionen:** Herr Meier stellt(e) den Antrag **auf Durchführung** einer Abstimmung.

❸ Planungsschritte:

① Verfasse zuerst eine genaue _____ der Ereignisse.

② Verdeutliche _____ durch Skizzen und Pfeilverbindungen.

③ _____ nun die Stichpunkte nach der logischen und zeitlichen Abfolge.

④ Hebe wichtige Beiträge _____ hervor.

⑤ Verfasse zuerst den _____.

⑥ Arbeite nun das _____ in sauberer und leserlicher Form aus.

⑦ Lies dein Protokoll genau durch und überprüfe nach der _____.

⑧ Vergiss nicht die _____ von Veranstaltungsleiter und Schriftführer.

D

Merkblatt: Protokoll (Lösung)

Ein Protokoll soll das Wesentliche einer Sache in kurzer, prägnanter Form inhaltlich richtig wiedergeben. Protokolle sind informative Texte über Unterrichtsstunden (eine oder mehrere), Verhandlungen (Gericht), Versammlungen (Verein, Firma) und Besprechungen (Stadtrat, Betrieb).

❶ Inhalt:

① Protokollarten:

Überlege zuerst, welche Protokollart von dir verlangt wird.
Ein **Verlaufsprotokoll** hält den ___**Ablauf**___ einer Veranstaltung in ___**chronologischer**___ Reihenfolge fest. Ein **Ergebnisprotokoll** fasst entscheidende ___**Ergebnisse**___ zusammen. Ein **erweitertes Ergebnisprotokoll** hält nicht nur wichtige Ergebnisse, sondern auch wichtige ___**Aus-**___ ___**sagen**___ fest. Ein **wörtliches Protokoll** hält jede Einzelheit in wörtlicher Wiedergabe fest.

② Ausführung:

Bei Protokollen ist ein bestimmter **formaler Rahmen** zu beachten. Der Protokollkopf enthält Angaben über ___**Ort**___, ___**Zeit**___ (Datum, Beginn und Ende der Veranstaltung), Zahl und Namen der ___**Anwesenden**___, ___**Thema**___ und Tagesordnungspunkte. Verwendet wird nur Schreibmaschinenpapier im DIN A 4 - Format, wobei die Beschriftung der ___**Rückseite**___ unterbleiben sollte. **Übersichtlichkeit** und **Anschaulichkeit** erreicht man durch Absätze, kurze Formulierungen, Skizzen und Pfeilverbindungen.

❷ Sprache:

① Die Zeitstufe des Protokolls kann sowohl das ___**Präsens**___ (Verlaufs- und Ergebnisprotokoll) als auch das ___**Präteritum**___ (Gedächtnisprotokoll) sein.

② Die Sprache sollte ___**knapp**___, ___**klar**___ und ___**sachlich**___ sein.

③ Wichtige Aussagen von Personen (Redebeiträge) sollten in die ___**indirekte**___ Rede oder in ___**Aussagesätze**___ umgeformt werden. Nur das wörtliche Protokoll enthält ___**wört-**___ ___**liche**___ Reden.

④ Stilistisch gut machen sich:

• **Infinitivkonstruktionen:** Herr Meier beantragt(e), eine Abstimmung **durchzuführen**.

• **Nominalkonstruktionen:** Herr Meier beantragt(e) **die Durchführung** einer Abstimmung.

• **Präpositionalkonstruktionen:** Herr Meier stellt(e) den Antrag **auf Durchführung** einer Abstimmung.

❸ Planungsschritte:

① Verfasse zuerst eine genaue ___**Abfolge**___ der Ereignisse.

② Verdeutliche ___**Zusammenhänge**___ durch Skizzen und Pfeilverbindungen.

③ ___**Ordne**___ nun die Stichpunkte nach der logischen und zeitlichen Abfolge.

④ Hebe wichtige Beiträge ___**farbig**___ hervor.

⑤ Verfasse zuerst den ___**Protokollkopf**___.

⑥ Arbeite nun das ___**Protokoll**___ in sauberer und leserlicher Form aus.

⑦ Lies dein Protokoll genau durch und überprüfe nach der ___**Rechtschreibung**___.

⑧ Vergiss nicht die ___**Unterschriften**___ von Veranstaltungsleiter und Schriftführer.

| **D** | **Thema:** | **Name:** | |

Bewertungsblatt: Protokoll

I. Inhaltlicher Aspekt:

❶ Protokollkopf:

• Es sind Ort, Zeit mit Beginn und Ende, Teilnehmer, Thema und Tagesordnungspunkte festgehalten. (4) _____ P.

Dein Protokollkopf weist folgende Mängel auf:

     O *Er ist zu lang.*

     O *Er nimmt Informationen vorweg, die zum Ablauf gehören.*

     O *Er ist lückenhaft oder fehlt ganz.*

❷ Ablauf:

• Du hast die wichtigsten Informationen angeführt. (6) _____ P.

• Du hast das Wesentliche übersichtlich dargestellt. (2) _____ P.

• Du hast keine persönlichen Wertungen vorgenommen. (1) _____ P.

Mängel: Die Darstellung des Verlaufs ist inhaltlich nicht ganz richtig, weil du

     O *die Reihenfolge verändert hast.*

     O *Wesentliches weggelassen hast.*

     O *Nebensächliches in den Vordergrund gestellt hast.*

     O *falsche Angaben angeführt hast.*

     O *persönliche Wertungen vorgenommen hast.*

❸ Zusammenfassung:

• Die Zusammenfassung der Ergebnisse ist dir gut gelungen. (2) _____ P.

Folgende Mängel sind festzustellen:

     O *Die Zusammenfassung fehlt ganz.*

     O *Sie ist zu lang und führt Bereiche an, die zum Verlauf gehören.*

     O *Unterschriften fehlen.*

II. Sprachlicher Aspekt:

❶ Du schreibst durchgehend knapp und in der richtigen Zeitstufe. (4) _____ P.

   • Gegenwart (Präsens) bei Verlaufs- und Ergebnisprotokollen

   • 1. Vergangenheit (Präteritum) bei Gedächtnisprotokollen

❷ Dein Satzbau einschließlich verwendeter Konjunktionen ist anspruchsvoll. (4) _____ P.

❸ Du vermeidest Wiederholungen. (2) _____ P.

❹ Du verwendest treffende Wörter. (1) _____ P.

❼ Du bist im grammatikalischen Bereich ziemlich sicher. (2) _____ P.

❽ Du bist rechtschreibsicher. (2) _____ P.

Dein Protokoll hat folgende sprachlichen Mängel:

O *falsche Zeitstufe (G)*	O *oft*	O *manchmal*
O *monotoner Satzbau (A)*	O *häufig*	O *manchmal*
O *„Bandwurmsätze" (G)*	O *häufig*	O *manchmal*
O *„Allerweltswörter" (A)*	O *oft*	O *manchmal*
O *Wiederholungen (A)*	O *häufig*	O *manchmal*
O *grammatikalische Fehler (G)*	O *oft*	O *manchmal*
O *rechtschriftliche Probleme (R)*	O *häufig*	O *manchmal*

Erreichte Punktzahl:

_____ von 30 P.

Note:

30 - 27 = 1; ☺ 26,5 - 22,5 = 2; ☺ 22 - 18 = 3; ☺ 17,5 - 12 = 4; ☹ 11,5 - 6 = 5; 5,5 - 0 = 6

Thema : Klassensprecherwahl

Ort : Ludwig - Auer - Schule, Neudegger Allee 5
       86609 Donauwörth; Zimmernummer 124

Zeit : 30.09. 2003, 8.45 Uhr bis 9.30 Uhr

Leiter : Herr Karl Egger, Lehrer

Anwesend: 22 Schüler/innen ⊬ ①   **1** Welche Klasse?

Abwesend: Angelika Krek und Bastian Bayr

Schriftführerin: Christina Rau

Tagesordnung: ① Wie der Klassensprecher sein soll

              ② Klassensprecherwahl

              ③ ~~Beglückwünschung~~ / Gratulation

② **G**   **2** Zeitstufe?

zu 1.) Zum Anfang der Stunde hat Herr Egger mit der
ganzen Klasse besprochen; „wie sollte ein Klassensprecher sein". Zu dieser Frage teilte er ein

Arbeitsblatt aus und wir haben es dann   **G**

besprochen. ③ Als wir damit fertig waren haben   **A/R/G**   **3** Ergebnis: Wie sollte ein Klassensprecher sein?

wir die „Nominierten" ④ ausgewählt. ~~Die beteiligten~~   **A/R**   **4** Besser: einige Schüler nominiert

ließen: 1. Lydia Lecht; 2. Anika Fischer, 3. Andreas Rieder,
4. Dominik Sacher und 5. Elisa Götz.

Alle Schülerinnen und Schüler schrieben einen Namen   **R**

auf einen Zettel und warfen ihn in eine Mütze.

Danach lief die Auswertung der Wahl. ⑤ Mit 7 (sieben) Stimmen   **5** Genauer!

wurde Anika die 1. neue Klassensprecherin und

der 2. Klassensprecher ⑥ wurde ~~der~~ Andreas.   **A**   **6** Wiederholung!

Am Schluss hat unser Lehrer Herr Egger den   **G**

beiden noch gratuliert und ⑦ hat gesagt, dass er den   **A**   **7** Allerweltswort!

Schülern und Lehrern viel Glück wünsche und dass

es keine Komplikationen geben ⑧ soll.   **G**   **8** Indirekte Rede!

Schriftführerin   Lehrer (Leiter)

Christina Rau   ⊬

| **D** | **Thema:** Klassensprecherwahl | **Name:** Christina R. (8c) | |

Bewertungsblatt: Protokoll

I. Inhaltlicher Aspekt:

❶ Protokollkopf:
• Es sind Ort, Zeit mit Beginn und Ende, Teilnehmer, Thema und Tagesordnungspunkte festgehalten. (4) **3** P.

Dein Protokollkopf weist folgende Mängel auf:
    O *Er ist zu lang.*
    O *Er nimmt Informationen vorweg, die zum Ablauf gehören.*
    ⊗ *Er ist lückenhaft oder fehlt ganz.*

❷ Ablauf:
• Du hast die wichtigsten Informationen angeführt. (6) **4** P.
• Du hast das Wesentliche übersichtlich dargestellt. (2) **1** P.
• Du hast keine persönlichen Wertungen vorgenommen. (1) **1** P.

Mängel: Die Darstellung des Verlaufs ist inhaltlich nicht ganz richtig, weil du
    O *die Reihenfolge verändert hast.*
    O *Wesentliches weggelassen hast.*
    O *Nebensächliches in den Vordergrund gestellt hast.*
    O *falsche Angaben angeführt hast.*
    O *persönliche Wertungen vorgenommen hast.*

❸ Zusammenfassung:
• Die Zusammenfassung der Ergebnisse ist dir gut gelungen. (2) **1** P.

Folgende Mängel sind festzustellen:
    O *Die Zusammenfassung fehlt ganz.*
    O *Sie ist zu lang und führt Bereiche an, die zum Verlauf gehören.*
    ⊗ *Unterschriften fehlen.*

II. Sprachlicher Aspekt:

❶ Du schreibst durchgehend knapp und in der richtigen Zeitstufe. (4) **2** P.
    • Gegenwart (Präsens) bei Verlaufs- und Ergebnisprotokollen
    • 1. Vergangenheit (Präteritum) bei Gedächtnisprotokollen
❷ Dein Satzbau einschließlich verwendeter Konjunktionen ist anspruchsvoll. (4) **1** P.
❸ Du vermeidest Wiederholungen. (2) **1** P.
❹ Du verwendest treffende Wörter. (1) **-** P.
❼ Du bist im grammatikalischen Bereich ziemlich sicher. (2) **1** P.
❽ Du bist rechtschreibsicher. (2) **-** P.

Dein Protokoll hat folgende sprachlichen Mängel:

⊗ *falsche Zeitstufe (G)*	⊗ *oft*	O *manchmal*
⊗ *monotoner Satzbau (A)*	O *häufig*	⊗ *manchmal*
O *„Bandwurmsätze" (G)*	O *häufig*	O *manchmal*
⊗ *„Allerweltswörter" (A)*	O *oft*	⊗ *manchmal*
⊗ *Wiederholungen (A)*	O *häufig*	⊗ *manchmal*
O *grammatikalische Fehler (G)*	O *oft*	O *manchmal*
⊗ *rechtschriftliche Probleme (R)*	⊗ *häufig*	O *manchmal*

Erreichte Punktzahl:

15 von 30 P.

Note: **4**

⚐ 30 - 27 = 1; ☺ 26,5 - 22,5 = 2; ☺ 22 - 18 = 3; ☺ 17,5 - 12 = 4; ☹ 11,5 - 6 = 5; ✹ 5,5 - 0 = 6

Thema: Deutschstunde: Wahl des
          Klassensprechers

Ort: Ludwig - Auer - Schule, Neudegger Allee 5,
        Klasse 8c, Zimmer 124
Zeit: 30. September 2003   8:45 - 9:30 Uhr
Leiter: Herr Karl Egger
Anwesend: ~~Die~~ Klasse 8c
Abwesend: Bastian Bayer u. Angelika Krez
          (wegen Krankheit entschuldigt)
Schriftführer: Dominik Lacker
Tagesordnung: 1. Wie soll unser Klassensprecher sein?
                  2. Wahl des Klassensprechers in der Klasse
                     8c
                  3. Glückwünsche

zu 1. Herr Egger erklärte uns als erstes wie ein   **R**
Klassensprecher sein sollte. ①Anschließend   1 Wie?
bekamen wir ein Arbeitsblatt, das wir
bearbeiteten. Texte wurden zugeordnet, z. B. wie
ein Klassensprecher sein sollte und wie nicht.
Danach diktierte uns Herr Egger einen Text   **R**
inwiefern uns die Eigenschaften ②nützen.
Nun kreuzten wir bei §sechs Fallbeispielen an, wie   2 Welche?
sich ein Klassensprecher verhalten sollte.

zu 2. Es wurde vorgeschlagen, wer eventuell
Klassensprecher werden könnte.

Aufgestellt wurden Lydia, Andreas B., Andreas R., Anika, Dominik und Elisa. Andreas B. lehnte aber die Kandidatur ab. Die Stimmzettel wurden eingesammelt. ④

R 3 Wie?

4 Auswertung?

1. Klassensprecher wurde Anika. ~~Herr Egger beglückwünschte sie.~~ ⑤ ⑥

5 Stimmenzahl?

2. Klassensprecher wurde Andeas R. ~~Auch er wurde herzlichst beglückwünscht.~~ ⑥

6 Zu TOP 3!

zu 3. Herr Egger beglückwünschte die zwei neuen Klassensprecher und hoffte auf gute Zusammenarbeit mit der Klasse und den Lehrern.

G

Unterschrift:

Dominik L.

Leiter: Schriftführer:

| **D** | **Thema:** Klassensprecherwahl | **Name:** Dominik L. (8c) | |

Bewertungsblatt: Protokoll

I. Inhaltlicher Aspekt:

❶ Protokollkopf:
• Es sind Ort, Zeit mit Beginn und Ende, Teilnehmer, Thema und Tagesordnungspunkte festgehalten. (4)   **4** P.

Dein Protokollkopf weist folgende Mängel auf:
    O *Er ist zu lang.*
    O *Er nimmt Informationen vorweg, die zum Ablauf gehören.*
    O *Er ist lückenhaft oder fehlt ganz.*

❷ Ablauf:
• Du hast die wichtigsten Informationen angeführt. (6)   **2** P.
• Du hast das Wesentliche übersichtlich dargestellt. (2)   **2** P.
• Du hast keine persönlichen Wertungen vorgenommen. (1)   **1** P.

Mängel: Die Darstellung des Verlaufs ist inhaltlich nicht ganz richtig, weil du
    O *die Reihenfolge verändert hast.*
    ⊗ *Wesentliches weggelassen hast.*
    O *Nebensächliches in den Vordergrund gestellt hast.*
    O *falsche Angaben angeführt hast.*
    O *persönliche Wertungen vorgenommen hast.*

❸ Zusammenfassung:
• Die Zusammenfassung der Ergebnisse ist dir gut gelungen. (2)   **1** P.

Folgende Mängel sind festzustellen:
    O *Die Zusammenfassung fehlt ganz.*
    O *Sie ist zu lang und führt Bereiche an, die zum Verlauf gehören.*
    ⊗ *Unterschriften fehlen.*

II. Sprachlicher Aspekt:

❶ Du schreibst durchgehend knapp und in der richtigen Zeitstufe. (4)   **3** P.
   • Gegenwart (Präsens) bei Verlaufs- und Ergebnisprotokollen
   • 1. Vergangenheit (Präteritum) bei Gedächtnisprotokollen
❷ Dein Satzbau einschließlich verwendeter Konjunktionen ist anspruchsvoll. (4)   **3** P.
❸ Du vermeidest Wiederholungen. (2)   **2** P.
❹ Du verwendest treffende Wörter. (1)   **1** P.
❼ Du bist im grammatikalischen Bereich ziemlich sicher. (2)   **2** P.
❽ Du bist rechtschreibsicher. (2)   **1** P.

Dein Protokoll hat folgende sprachlichen Mängel:

O *falsche Zeitstufe (G)*	O *oft*	O *manchmal*
O *monotoner Satzbau (A)*	O *häufig*	O *manchmal*
O *„Bandwurmsätze" (G)*	O *häufig*	O *manchmal*
O *„Allerweltswörter" (A)*	O *oft*	O *manchmal*
O *Wiederholungen (A)*	O *häufig*	O *manchmal*
O *grammatikalische Fehler (G)*	O *oft*	O *manchmal*
⊗ *rechtschriftliche Probleme (R)*	O *häufig*	⊗ *manchmal*

Erreichte Punktzahl:

22 von 30 P.

Note: **3**

✌ 30 - 27 = 1; ☺ 26,5 - 22,5 = 2; ☺ 22 - 18 = 3; ☺ 17,5 - 12 = 4; ☹ 11,5 - 6 = 5; 💣 5,5 - 0 = 6

81

Thema: Deutschstunde: Wahl der Klassensprecher

Ort: Ludwig-Auer-Schule, Neudegger Allee
5, 86609 Donauwörth. Klasse 8c, Zimmer
124
Zeit: 30.9.03, 8:45 Uhr bis 9:30 Uhr
Leiter: Herr Egger
Anwesend: 20 Schüler und Schülerinnen
Abwesend: Angelika Krez, Bastian Bayer
(wegen Krankheit entschuldigt)
Schülerschreiben: Katrin Reiß

A

1 Tagesord-
nungspunkte?

① Heute am 30.9.03 um 8:45 Uhr bis
9:30 Uhr haben wir mit unserem Lehrer
Herr Egger einen Klassensprecher gewählt. Der
Klassensprecher muss nett hilfsbereit und er
soll sich auch zu dem Lehrer seine Meinung zu
sagen trauen. ② Herr Egger ③ hat an die Tafel ④
geschrieben Klassensprecher die wir wählen
können ⑤ es war Lydia, Elisa, Anika, Dominik und
Andreas, dann haben wir den 1. Klassensprecher
gewählt ⑥ das war dann Anika, dann haben wir
denn zweiten ⑦ Klassensprecher gewählt das war
dann Andreas. Sie ⑧ waren alle einverstanden
mit denn Klassensprechern. Herr Egger hatte
dann Anika Fischer denn ersten Klassensprecher und dann denn zweiten Klassensprecher
Andreas Rieder, herzlichen glückwunsch
gewünschen. Und hoffentlich werden dass gute
nette und hilfsbereite Klassensprecher.
⑨

Steht schon
oben!

A   A/G
     R/A
     G
     G

A   A
     G
     R/G

     R
A   R/A
     R
A   R

2 Satzbau?
3 Zeitstufe!
4 Einfügen:
Kandidaten
5 Plural!

6 Wie? Stim-
menzahl?
7 Wiederho-
lung?
8 Wer?

9 Zusammen-
fassung?

| **D** | **Thema:** Klassensprecherwahl | **Name:** Katrin R. (8c) | |

Bewertungsblatt: Protokoll

I. Inhaltlicher Aspekt:

❶ Protokollkopf:
• Es sind Ort, Zeit mit Beginn und Ende, Teilnehmer, Thema und Tagesordnungspunkte festgehalten. (4)   __2__ P.
Dein Protokollkopf weist folgende Mängel auf:
    O *Er ist zu lang.*
    O *Er nimmt Informationen vorweg, die zum Ablauf gehören.*
    ⊗ *Er ist lückenhaft oder fehlt ganz.*

❷ Ablauf:
• Du hast die wichtigsten Informationen angeführt. (6)   __2__ P.
• Du hast das Wesentliche übersichtlich dargestellt. (2)   __1__ P.
• Du hast keine persönlichen Wertungen vorgenommen. (1)   __1__ P.
Mängel: Die Darstellung des Verlaufs ist inhaltlich nicht ganz richtig, weil du
    ⊗ *die Reihenfolge verändert hast.*
    ⊗ *Wesentliches weggelassen hast.*
    O *Nebensächliches in den Vordergrund gestellt hast.*
    O *falsche Angaben angeführt hast.*
    O *persönliche Wertungen vorgenommen hast.*

❸ Zusammenfassung:
• Die Zusammenfassung der Ergebnisse ist dir gut gelungen. (2)   __-__ P.
Folgende Mängel sind festzustellen:
    O *Die Zusammenfassung fehlt ganz.*
    O *Sie ist zu lang und führt Bereiche an, die zum Verlauf gehören.*
    ⊗ *Unterschriften fehlen.*

II. Sprachlicher Aspekt:

❶ Du schreibst durchgehend knapp und in der richtigen Zeitstufe. (4)   __1__ P.
  • Gegenwart (Präsens) bei Verlaufs- und Ergebnisprotokollen
  • 1. Vergangenheit (Präteritum) bei Gedächtnisprotokollen
❷ Dein Satzbau einschließlich verwendeter Konjunktionen ist anspruchsvoll. (4)   __-__ P.
❸ Du vermeidest Wiederholungen. (2)   __-__ P.
❹ Du verwendest treffende Wörter. (1)   __-__ P.
❼ Du bist im grammatikalischen Bereich ziemlich sicher. (2)   __-__ P.
❽ Du bist rechtschreibsicher. (2)   __-__ P.
Dein Protokoll hat folgende sprachlichen Mängel:

⊗ *falsche Zeitstufe (G)*	⊗ *oft*	O *manchmal*
⊗ *monotoner Satzbau (A)*	⊗ *häufig*	O *manchmal*
O *„Bandwurmsätze" (G)*	O *häufig*	O *manchmal*
⊗ *„Allerweltswörter" (A)*	⊗ *oft*	O *manchmal*
⊗ *Wiederholungen (A)*	⊗ *häufig*	O *manchmal*
⊗ *grammatikalische Fehler (G)*	⊗ *oft*	O *manchmal*
⊗ *rechtschriftliche Probleme (R)*	⊗ *häufig*	O *manchmal*

Erreichte Punktzahl:

__7__ von 30 P.

Note: **5**

✌ 30 - 27 = 1; ☺ 26,5 - 22,5 = 2; ☻ 22 - 18 = 3; ☹ 17,5 - 12 = 4; ☹ 11,5 - 6 = 5; 💣 5,5 - 0 = 6

D

Merkblatt: Schriftliche Bewerbung

Die schriftliche Bewerbung ist die Visitenkarte der Bewerberin/des Bewerbers. Eine Bewerbung muss optisch ansprechend sein. Dazu gehören u. a. _____ Papier, _____ Anschreiben, PC-Schrift, Bildung von _____, Vermeidung von Rechtschreib- und Tippfehlern, Anheften eines aussagekräftigen, farbigen _____ (mit Namen und Anschrift auf der Rückseite), eine äußerlich ordentliche _____ (keine Knicks), Abgabe aller Unterlagen in einer _____ -_____, persönliche _____ und ausreichende _____.

❶ Das Bewerbungsschreiben:

① **Inhalte:**

_____

_____

_____

② **Formales:**

Empfohlene Schriftarten: Times New Roman oder Arial (Helvetica); Schriftgröße: 12 Punkt; Zeilenabstand: 14,4 Punkt (automatisch); Ränder: oben (5. Zeile; 1,69 cm), unten (66. Zeile; ca. 2 cm), links (Grad 10; 2,41 cm), rechts (Grad 75; ca. 2 cm).

Die **Absenderangabe**, die ohne Leerzeilen geschrieben wird, beginnt in der 5. Zeile auf Grad 10. Das **Ausstellungsdatum** der Bewerbung wird an Grad 50 angegeben. Die Empfängeranschrift wird in 9 Zeilen, nämlich in den Zeilen 13 bis 21 festgehalten. Dabei entspricht die 13. Zeile der 1. Zeile des Anschriftfeldes. Der **Betreffvermerk** wird ohne Angabe des Wortes „Betreff" in der 24. Zeile positioniert. Die **Anrede** folgt nach zwei Leerzeilen und endet mit einem Komma oder Ausrufezeichen. Der **Bewerbungstext** wird nach Umfang und Inhalt zweckmäßig in Absätze gegliedert. Die **Grußformel** steht linksbündig und endet ohne Satzzeichen. Der anschließende Leerraum bietet Platz für die Unterschrift. Der **Anlagenvermerk** beginnt auf Grad 10 oder in der Höhe der Grußformel auf Grad 50.

❷ Der Lebenslauf:

Jeder Bewerbung muss ein Lebenslauf beigefügt werden. Er enthält wichtige persönliche Daten und den bisherigen schulischen und beruflichen Werdegang. Dabei gibt es zwei Formen des Lebenslaufes, den _____ und den _____ Lebenslauf.

① **Inhalte:**

Ein Lebenslauf muss enthalten: Überschrift „Lebenslauf"; _____ Daten wie Name, Vorname (Rufname wird unterstrichen), Anschrift, Geburtsdatum, Geburtsort, Eltern, Geschwister; Schulausbildung mit _____; bei Berufsanfängern: _____, _____, _____, Sprachkenntnisse, Kurse und Praktika; bei Berufstätigen: beruflicher _____ -_____; besondere _____ und Fähigkeiten; Ort, Datum und _____.

② **Formales:**

• Schreibe mit dem PC oder der Schreibmaschine auf ein sauberes weißes _____.

• Achte auf _____.

• Für den Lebenslauf gibt es keine **festen Regeln**. Achte auf eine **übersichtliche und klare Gestaltung**.

• Der _____ Lebenslauf ist heute die übliche Form, soweit nicht ausdrücklich ein handschriftlicher Lebenslauf verlangt wird.

• Das _____ sollte in der rechten, oberen Ecke mit einer Büroklammer befestigt werden.

D

Merkblatt: Schriftliche Bewerbung (Lösung)

Die schriftliche Bewerbung ist die Visitenkarte der Bewerberin/des Bewerbers. Eine Bewerbung muss optisch ansprechend sein. Dazu gehören u. a. __weißes__ Papier, __persönliches__ Anschreiben, PC-Schrift, Bildung von __Absätzen__, Vermeidung von Rechtschreib- und Tippfehlern, Anheften eines aussagekräftigen, farbigen __Passfotos__ (mit Namen und Anschrift auf der Rückseite), eine äußerlich ordentliche __Form__ (keine Knicks), Abgabe aller Unterlagen in einer __Bewerbungsmappe__, persönliche __Unterschrift__ und ausreichende __Frankierung__.

❶ Das Bewerbungsschreiben:

① Inhalte:

Adresse des Bewerbers, Anschrift des Betriebes, persönliche Anrede, Angabe der Informationsquelle über den Ausbildungsplatz, Gründe für Interesse an dem Ausbildungsplatz, Bitte um einen Vorstellungstermin, Grußformel und Unterschrift

② Formales:

Empfohlene Schriftarten: Times New Roman oder Arial (Helvetica); Schriftgröße: 12 Punkt; Zeilenabstand: 14,4 Punkt (automatisch); Ränder: oben (5. Zeile; 1,69 cm), unten (66. Zeile; ca. 2 cm), links (Grad 10; 2,41 cm), rechts (Grad 75; ca. 2 cm).

Die **Absenderangabe**, die ohne Leerzeilen geschrieben wird, beginnt in der 5. Zeile auf Grad 10. Das **Ausstellungsdatum** der Bewerbung wird an Grad 50 angegeben. Die Empfängeranschrift wird in 9 Zeilen, nämlich in den Zeilen 13 bis 21 festgehalten. Dabei entspricht die 13. Zeile der 1. Zeile des Anschriftfeldes. Der **Betreffvermerk** wird ohne Angabe des Wortes „Betreff" in der 24. Zeile positioniert. Die **Anrede** folgt nach zwei Leerzeilen und endet mit einem Komma oder Ausrufezeichen. Der **Bewerbungstext** wird nach Umfang und Inhalt zweckmäßig in Absätze gegliedert. Die **Grußformel** steht linksbündig und endet ohne Satzzeichen. Der anschließende Leerraum bietet Platz für die Unterschrift. Der **Anlagenvermerk** beginnt auf Grad 10 oder in der Höhe der Grußformel auf Grad 50.

❷ Der Lebenslauf:

Jeder Bewerbung muss ein Lebenslauf beigefügt werden. Er enthält wichtige persönliche Daten und den bisherigen schulischen und beruflichen Werdegang. Dabei gibt es zwei Formen des Lebenslaufes, den __ausführlichen__ und den __tabellarischen__ Lebenslauf.

① Inhalte:

Ein Lebenslauf muss enthalten: Überschrift „Lebenslauf"; __persönliche__ Daten wie Name, Vorname (Rufname wird unterstrichen), Anschrift, Geburtsdatum, Geburtsort, Eltern, Geschwister; Schulausbildung mit __Schulabschluss__; bei Berufsanfängern: __Lieblingsfächer__, __Hobbys__, __Berufswunsch__, Sprachkenntnisse, Kurse und Praktika; bei Berufstätigen: beruflicher __Werdegang__; besondere __Kenntnisse__ und Fähigkeiten; Ort, Datum und __Unterschrift__.

② Formales:

• Schreibe mit dem PC oder der Schreibmaschine auf ein sauberes weißes __DIN A4 - Blatt__.

• Achte auf __Fehlerfreiheit__.

• Für den Lebenslauf gibt es keine **festen Regeln**. Achte auf eine **übersichtliche und klare Gestaltung**.

• Der __tabellarische__ Lebenslauf ist heute die übliche Form, soweit nicht ausdrücklich ein handschriftlicher Lebenslauf verlangt wird.

• Das __Passfoto__ sollte in der rechten, oberen Ecke mit einer Büroklammer befestigt werden.

Stefanie Pollithy   Tapfheim, JJ-MM-TT
Thomas-Mann-Straße 2
86660 Tapfheim
Tel. 09070 8215
•

•

•

•

•

•

Herr
Dr. Thomas Hofer
Hindenburgstraße 21
•

86609 Donauwörth
•

•

•

•

Bewerbung um einen Ausbildungsplatz als Arzthelferin
•

•

Sehr geehrter Herr Dr. Hofer,
•

vom Berufsberater des Arbeitsamtes erfuhr ich, dass Sie eine Arzthelferin ausbilden werden. Ich bewerbe mich um diesen Ausbildungsplatz.
•

Zurzeit besuche ich die ... Klasse der ... in ... Meine Schulausbildung werde ich im ... mit dem ... Abschluss beenden.
•

Durch Gespräche mit befreundeten Arzthelferinnen und Beratern des Arbeitsamtes informierte ich mich über das Berufsbild einer Arzthelferin. Bei einer Schnupperlehre in einer Arztpraxis stellte ich fest, dass mich dieser Beruf sehr interessiert. Auch der Umgang mit Menschen bereitet mir viel Freude. Deshalb möchte ich den Beruf der Arzthelferin gerne erlernen.
•

Meinen Lebenslauf mit Foto und Kopien der letzten Zeugnisse füge ich bei. Über eine Einladung zu einem persönlichen Gespräch würde ich mich sehr freuen.
•

Mit freundlichen Grüßen
•

•

•

•

Anlagen
1 Lebenslauf
1 Lichtbild
2 Zeugniskopien
2 Praktikumsbescheinigungen

Lebenslauf

-
-
-
-

Persönliche Daten:

Name   Michael Osenberg

-

Anschrift   Krautgartenweg 18
                                        86663 Bäumenheim

-

Geburtsdatum/-ort   30. Oktober 1987 in Donauwörth

-

Eltern   Siegfried Osenberg, Beamter
                                        Pia Osenberg, Hausfrau

-

Geschwister   einen Bruder

-
-

Schulbildung:

Schulbesuch   1993 - 1997 Grundschule Bäumenheim,
                                        1997 - 1999 Hauptschule Bäumenheim,
                                        seit 1999 Ludwig-Auer-Hauptschule Donauwörth

-

voraussichtlicher Schulabschluss   Qualifizierender Hauptschulabschluss (Juli 2003)
                                        Mittlere Reife (Juli 2004)

-
-

**Weitere Qualifikationen, Hobbys
und Berufswunsch:**

Praktika   November 2001: Firma Straub, Donauwörth
                                        April 2002: Firma Sengfelder, Bäumenheim
                                        November 2002: Firma Novotronik, Mertingen

-

Kenntnisse   Word, Exel; Englisch

-

Hobbys   Fußball, Tischtennis im Verein; Basketball, Baseball
                                        und Snowboarden

-

Berufswunsch   Elektroniker

-
-
-

Donauwörth, 02-12-02

Michael Osenberg

Michael Osenberg
Krautgartenweg 18
86663 Bäumenheim

-
-
-
-

Lebenslauf

-
-

Am 30. Oktober 1987 wurde ich als erstes Kind des Beamten Siegfried Osenberg und seiner Ehefrau Pia Osenberg, geb. Stein, in Donauwörth geboren. Ich habe noch einen zwei Jahre jüngeren Bruder.

-

Von September 1993 bis zum Juli 1997 besuchte ich die Grundschule in Bäumenheim, dann bis Juli 1999 die Hauptschule in Bäumenheim. Im September 1999 wechselte ich in den M-Zug an der Ludwig-Auer-Hauptschule in Donauwörth über. Im Juli 2003 werde ich den Qualifizierenden Hauptschulabschluss und ein Jahr später die mittlere Reife erwerben.

-

Im Rahmen von drei Betriebspraktika bei den Firmen Straub, Sengfelder und Novotronik konnte ich erste praktische Erfahrungen im Bereich der Metallverarbeitung und der Elektronik sammeln.

-

In meiner Freizeit spiele ich Fußball beim VSC Donauwörth, Tischtennis beim TTC Bäumenheim und hobbymäßig Basketball und Baseball. Im Winter fahre ich Snowboard.

-
-
-

Donauwörth, 02-12-02

D	**Thema:**	**Name:**	

Bewertungsblatt: Schriftliche Bewerbung

Die schriftliche Bewerbung eignete sich sinnvollerweise eher als Hausaufgabe. Dabei sollte sich der Lehrer nach der ausführlichen Behandlung aller Bewerbungskriterien eine komplette Bewerbungsmappe per Post zusenden lassen. Obwohl Hausaufgaben im Regelfall nicht bewertet werden, sollte hier doch der formale und inhaltliche Aspekt benotet werden.

I. Inhaltlicher/formaler Aspekt:

❶ Tabellarischer Lebenslauf:
- Er ist vollständig. (5) _____ P.
- Er ist sauber und übersichtlich. (2) _____ P.
- Das Passfoto ist vorhanden. (1) _____ P.

Dein Lebenslauf weist folgende Mängel auf:
- O *Er ist nicht vollständig.*
- O *Er weist Formfehler (Abstände, Sauberkeit) auf.*
- O *Das (beschriftete) Passfoto fehlt.*
- O *Er ist lückenhaft.*
- O *Er fehlt ganz.*

❷ Bewerbungsschreiben:
- Es ist vollständig. (12) _____ P.

Dazu gehören: Adresse des Bewerbers (1), Anschrift des Betriebes (1), persönliche Anrede (1), Angabe der Informationsquelle über den Ausbildungsplatz (3), Gründe für das Interesse an dem Ausbildungsplatz (3), Bitte um einen Vorstellungstermin (1), Grußformel und Unterschrift (1), Anlagen (1)
- Es ist sauber und übersichtlich. (2) _____ P.

Mängel: Das Bewerbungsschreiben hat folgende Mängel, weil du
- O *wesentliche Inhalte weggelassen hast.*
- O *falsche Angaben angeführt hast.*
- O *die Unterschrift vergessen hast.*

❸ Dokumente/Bescheinigungen:
- Zeugniskopie(n), Praktikanachweise und sonstige Bescheinigungen liegen vor. (2) _____ P.

Folgende Mängel sind festzustellen:
- O *Es fehlen die Zeugniskopien.*
- O *Es fehlt die Beglaubigung der Zeugniskopien.*
- O *Es liegen die Originale der Zeugnisse vor.*

II. Sprachlicher Aspekt:

❶ Du schreibst durchgehend knapp und in der richtigen Zeitstufe, im Präsens bzw. Präteritum. (2) _____ P.
❷ Dein Satzbau einschließlich verwendeter Konjunktionen ist anspruchsvoll. (1) _____ P.
❹ Du verwendest Fachausdrücke. (1) _____ P.
❼ Du bist im grammatikalischen Bereich ziemlich sicher. (1) _____ P.
❽ Du bist rechtschreibsicher. (1) _____ P.

Deine schriftliche Bewerbung hat folgende sprachlichen Mängel:

O *falsche Zeitstufe (G)*	O *oft*	O *manchmal*
O *Wiederholungen (A)*	O *häufig*	O *manchmal*
O *grammatikalische Fehler (G)*	O *oft*	O *manchmal*
O *rechtschriftliche Probleme (R)*	O *häufig*	O *manchmal*

Erreichte Punktzahl:

_____ von 30 P.

Note:

✌ 30 - 27 = 1; ☺ 26,5 - 22,5 = 2; ☺ 22 - 18 = 3; ☹ 17,5 - 12 = 4; ☹ 11,5 - 6 = 5; ☗ 5,5 - 0 = 6

Lebenslauf

Name:	Bianca Langlotz
Anschrift:	Wilhelm-Busch-Str. 4 86660 Tapfheim
Geburtsdatum:	23. Dezember 1987
Geburtsort:	Donauwörth
Eltern:	Michael Langlotz, Soldat Inge Langlotz, geb. Redel, Hausfrau
Geschwister:	Stefanie (18)
Schule:	1994 - 2000 Grund- und Teilhaupt- schule Tapfheim, seit 2000 Ludwig-Auer-Hauptschule Donauwörth
Abschlüsse:	Qualifizierender Hauptschulabschluss (2003), voraussichtlich mittlere Reife (2004)
Kenntnisse:	Rechnungswesen, Buchführung, Englisch
Hobbys:	Mitglied beim SC Tapfheim, Übungsleiterin beim wöchentlichen Kinderturnen, Lesen, Schwimmen

Tapfheim, 5. November 2002

Bianca Langlotz

Bianca Langlotz
Wilhelm-Busch-Str. 4
86660 Tapfheim
Tel. 09070 91412

Tapfheim, 02-11-05

Telemeter Electronic GmbH
Joseph-Gänsler-Str. 10

86609 Donauwörth

Blocksatz sieht besser aus!
Versuche den Text individuell abzufassen!
Standardisierte Schreiben wandern meist
gleich in den Papierkorb.

Bewerbung um einen Ausbildungsplatz als Bürokauffrau

Sehr geehrter Herr Schröttle,

wie ich von meinem Praktikum bei Ihnen erfuhr, ~~dass Sie~~ ①   **A**
~~Bürokauffrauen ausbilden werden~~, möchte ich mich um diesen
Ausbildungsplatz bewerben. ②

Zurzeit besuche ich die M 9 der Ludwig-Auer-Hauptschule in
Donauwörth. Meinen Qualifizierten Abschluss schließe ich im ③ **A**
Juli 2003 ab. Voraussichtlich beende ich die Schulausbildung   **R**
im Juli 2004 mit der Mittleren Reife.

Durch Gespräche mit befreundeten Bürokauffrauen ④ und Beratern
des Arbeitsamtes informierte ich mich über das Berufsbild
einer Bürokauffrau. Bei einer Schnupperlehre bei ~~Telemeter~~ ⑤
~~Electronic GmbH~~ stellte ich fest, dass mir dieser Beruf sehr
gefällt, weil ich gerne mit Computer arbeite ~~und mich auch in~~ **G**
~~meiner Freizeit sehr damit beschäftige~~. ⑥

⑦
Meinen Lebenslauf mit Foto und Kopien der letzten Zeugnisse
füge ich bei. Über eine Einladung zu einem persönlichen
Gespräch würde ich mich sehr freuen.

Mit freundlichen Grüßen

Bianca Langlotz

Anlagen
1 Lebenslauf
1 Lichtbild
2 Zeugniskopien
1 Praktikumsbescheinigung

1 Neu formulieren!
2 Warum?
3 Satzstellung!
4 Wer?
5 Wann?
6 Was weißt du noch Positives über den Betrieb?
7 Hobbys?

Bianca Langlotz   Tapfheim, 02-11-05
Wilhelm-Busch-Str. 4
86660 Tapfheim
Tel. 09070 91412

Telemeter Electronic GmbH
Joseph-Gänsler-Str. 10

86609 Donauwörth

Bewerbung um einen Ausbildungsplatz als Bürokauffrau

Sehr geehrter Herr Schröttle,

wie ich während meines Praktikums bei Ihnen erfahren habe, vergeben
Sie heuer wieder eine Stelle als Bürokauffrau. Da ich von meiner
Schwester, die bei Ihnen arbeitet, nur Positives über Ihre Firma
höre, möchte ich mich um diesen Ausbildungsplatz bewerben.

Zurzeit besuche ich die M 9 der Ludwig-Auer-Hauptschule in Donau-
wörth. Den Qualifizierenden Abschluss schreibe ich im Juli 2003.
Meine Schulausbildung beende ich im Juli 2004 mit der mittleren
Reife.

Durch Gespräche mit meiner Schwester und meiner Nachbarin, die
beide Bürokauffrauen sind, habe ich mir schon ein Bild über diesen
Beruf gemacht. Auch durch den Berufsberater des Arbeitsamtes, Herrn
Petzold, informierte ich mich über das Berufsbild einer Bürokauffrau.
Bei einer Schnupperlehre bei Ihnen im April 2001 stellte ich fest,
dass mir dieser Beruf sehr gefällt, weil ich gerne am Computer ar-
beite und KBB auch mein Lieblingsfach in der Schule ist. In Ihrem
Betrieb fiel mir besonders das angenehme Arbeitsklima auf.
In meiner Freizeit gehe ich gerne schwimmen und treffe mich mit
Freunden. Einmal wöchentlich turne ich beim SC Tapfheim und leite
das Kinderturnen.

Meinen Lebenslauf mit Foto und Kopien der letzten Zeugnisse füge
ich bei. Über eine Einladung zu einem persönlichen Gespräch würde
ich mich sehr freuen.

Mit freundlichen Grüßen

Bianca Langlotz

Anlagen
1 Lebenslauf
1 Lichtbild
2 Zeugniskopien
1 Praktikumsbescheinigung

Bewertungsblatt: Schriftliche Bewerbung

D **Thema:** Schriftliche Bewerbung   **Name:** Bianca L. (M 9)

Die schriftliche Bewerbung eignete sich sinnvollerweise eher als Hausaufgabe. Dabei sollte sich der Lehrer nach der ausführlichen Behandlung aller Bewerbungskriterien eine komplette Bewerbungsmappe per Post zusenden lassen. Obwohl Hausaufgaben im Regelfall nicht bewertet werden, sollte hier doch der formale und inhaltliche Aspekt benotet werden.

I. Inhaltlicher/formaler Aspekt:

❶ Tabellarischer Lebenslauf:
- Er ist vollständig. (5) _5_ P.
- Er ist sauber und übersichtlich. (2) _2_ P.
- Das Passfoto ist vorhanden. (1) _-_ P.

Dein Lebenslauf weist folgende Mängel auf:
- O *Er ist nicht vollständig.*
- O *Er weist Formfehler (Abstände, Sauberkeit) auf.*
- ⊗ *Das (beschriftete) Passfoto fehlt.*
- O *Er ist lückenhaft.*
- O *Er fehlt ganz.*

❷ Bewerbungsschreiben:
- Es ist vollständig. (12) _8_ P.

Dazu gehören: Adresse des Bewerbers (1), Anschrift des Betriebes (1), persönliche Anrede (1), Angabe der Informationsquelle über den Ausbildungsplatz (3), Gründe für das Interesse an dem Ausbildungsplatz (3), Bitte um einen Vorstellungstermin (1), Grußformel und Unterschrift (1), Anlagen (1)
- Es ist sauber und übersichtlich. (2) _2_ P.

Mängel: Das Bewerbungsschreiben hat folgende Mängel, weil du
- ⊗ *(wesentliche) Inhalte weggelassen hast.*
- O *falsche Angaben angeführt hast.*
- O *die Unterschrift vergessen hast.*

❸ Dokumente/Bescheinigungen:
- Zeugniskopie(n), Praktikanachweise und sonstige Bescheinigungen liegen vor. (2) _2_ P.

Folgende Mängel sind festzustellen:
- O *Es fehlen die Zeugniskopien.*
- O *Es fehlt die Beglaubigung der Zeugniskopien.*
- O *Es liegen die Originale der Zeugnisse vor.*

II. Sprachlicher Aspekt:

- ❶ Du schreibst durchgehend knapp und in der richtigen Zeitstufe, im Präsens bzw. Präteritum. (2) _1,5_ P.
- ❷ Dein Satzbau einschließlich verwendeter Konjunktionen ist anspruchsvoll. (1) _0,5_ P.
- ❹ Du verwendest Fachausdrücke. (1) _1_ P.
- ❼ Du bist im grammatikalischen Bereich ziemlich sicher. (1) _0,5_ P.
- ❽ Du bist rechtschreibsicher. (1) _1_ P.

Deine schriftliche Bewerbung hat folgende sprachlichen Mängel:

O *falsche Zeitstufe (G)*	O *oft*	O *manchmal*
O *Wiederholungen (A)*	O *häufig*	O *manchmal*
⊗ *grammatikalische Fehler (G)*	O *oft*	⊗ *manchmal*
O *rechtschriftliche Probleme (R)*	O *häufig*	O *manchmal*

Erreichte Punktzahl:

23,5 von 30 P.

Note: **2**

☝ 30 - 27 = 1; ☺ 26,5 - 22,5 = 2; ☺ 22 - 18 = 3; ☺ 17,5 - 12 = 4; ☹ 11,5 - 6 = 5; ☛ 5,5 - 0 = 6

| **D** | | |

Merkblatt: Begründete Stellungnahme

Beim **Argumentieren** kommt es darauf an, die eigene Meinung überzeugend darzustellen, damit andere diese Meinung aufnehmen, überdenken und vielleicht sogar übernehmen. Dies kann mündlich in Form einer **Diskussion** oder schriftlich als **begründete Stellungnahme** geschehen.

Die drei wichtigsten Formen der Stellungsnahme sind der _____, die _____ und der _____.

Um überzeugend zu argumentieren, sind **vier Bausteine** notwendig. Ohne diese **vier „B's"** ist jede Argumentation lückenhaft. Innerhalb der Argumentationskette darf kein neuer Gedanke erscheinen.

① _____ (These) ⇨ ② _____ ⇨ ③ _____, _____ (Tatsachen, objektive Quellen, wissenschaftliche Befunde) oder _____ (Veranschaulichung) ⇨ ④ _____ (zurück zur Behauptung und zum Thema insgesamt).

❶ Inhalt:

① Stoffsammlung und Gliederung:

Schreibe alle Argumente auf, die dir zum Thema einfallen. Gliedere sie in einem Mind-Map und ordne den einzelnen Argumenten Beispiele zu.

In der Gliederung legst du die _____ der Argumente fest. Das gewichtigste Argument sollte dabei immer am _____ stehen. Bei der schriftlichen Ausführung muss du dich an diese Reihenfolge halten.

② Einleitung:

Der Umfang sollte nur _____ bis _____ Sätze ausmachen, wobei z. B. auf die Bedeutung des Themas oder die persönliche Beziehung dazu einzugehen ist.

③ Hauptteil:

Nun handelst du deine Argumente der Reihe nach ab, wobei du dich konsequent an das _____-_____ (4 B's) halten solltest.

❷ Sprache:

① Die Zeitstufe der begründeten Stellungnahme ist die _____ (_____).

② Die Sprache sollte _____, _____ und _____ sein.

③ Aussagen von Personen sollten in der _____ Rede wiedergegeben werden.

④ Verwende Infinitiv-, Nominal- und Präpositionalkonstruktionen.

⑤ Zur Gestaltung abwechslungsreicher Überleitungen sind _____ wie z. B. _____ _____ wichtig.

⑥ Verwende _____verben (dürfen, können, sollen, müssen, mögen).

❸ Planungsschritte:

① Verfasse zuerst eine möglichst umfangreiche _____.

② Ordne die Stichpunkte in einer _____.

③ Verfasse zuerst die _____.

④ Arbeite nun den _____ in sauberer und leserlicher Form aus.

⑤ Lies deine begründete Stellungnahme durch und überprüfe nach der _____.

D	

Merkblatt: Begründete Stellungnahme (Lösung)

Beim **Argumentieren** kommt es darauf an, die eigene Meinung überzeugend darzustellen, damit andere diese Meinung aufnehmen, überdenken und vielleicht sogar übernehmen. Dies kann mündlich in Form einer **Diskussion** oder schriftlich als **begründete Stellungnahme** geschehen.

Die drei wichtigsten Formen der Stellungsnahme sind der **Leserbrief**, die **Kritik** und der **Kommentar**.

Um überzeugend zu argumentieren, sind **vier Bausteine** notwendig. Ohne diese **vier „B's"** ist jede Argumentation lückenhaft. Innerhalb der Argumentationskette darf kein neuer Gedanke erscheinen.

① **Behauptung** (These) ⇨ ② **Begründung** ⇨ ③ **Beweis**, **Beleg** (Tatsachen, objektive Quellen, wissenschaftliche Befunde) oder **Beispiel** (Veranschaulichung) ⇨ ④ **Bezug** (zurück zur Behauptung und zum Thema insgesamt).

❶ Inhalt:

① Stoffsammlung und Gliederung:

Schreibe alle Argumente auf, die dir zum Thema einfallen. Gliedere sie in einem Mind-Map und ordne den einzelnen Argumenten Beispiele zu.

In der Gliederung legst du die **Reihenfolge** der Argumente fest. Das gewichtigste Argument sollte dabei immer am **Ende** stehen. Bei der schriftlichen Ausführung muss du dich an diese Reihenfolge halten.

② Einleitung:

Der Umfang sollte nur **einen** bis **zwei** Sätze ausmachen, wobei z. B. auf die Bedeutung des Themas oder die persönliche Beziehung dazu einzugehen ist.

③ Hauptteil:

Nun handelst du deine Argumente der Reihe nach ab, wobei du dich konsequent an das **Argumenta-tionsschema** (4 B's) halten solltest.

❷ Sprache:

① Die Zeitstufe der begründeten Stellungnahme ist die **Gegenwart** (**Präsens**).

② Die Sprache sollte **sachlich**, **knapp** und **objektiv** sein.

③ Aussagen von Personen sollten in der **indirekten** Rede wiedergegeben werden.

④ Verwende Infinitiv-, Nominal- und Präpositionalkonstruktionen.

⑤ Zur Gestaltung abwechslungsreicher Überleitungen sind **Konjunktionen** wie z. B. **denn, obwohl, weil, demzufolge, deshalb, da, trotzdem, weiterhin, nicht nur** wichtig.

⑥ Verwende **Modal**verben (dürfen, können, sollen, müssen, mögen).

❸ Planungsschritte:

① Verfasse zuerst eine möglichst umfangreiche **Stoffsammlung**.

② Ordne die Stichpunkte in einer **Stoffgliederung**.

③ Verfasse zuerst die **Einleitung**.

④ Arbeite nun den **Hauptteil** in sauberer und leserlicher Form aus.

⑤ Lies deine begründete Stellungnahme durch und überprüfe nach der **Rechtschreibung**.

D	**Thema:**	**Name:**	

Bewertungsblatt: Begründete Stellungnahme

I. Inhaltlicher Aspekt:

❶ Gliederung:

• Deine Gliederung ist sauber und übersichtlich gestaltet. (1) _____ P.

Folgende Mängel sind festzustellen:

    O *Die Gliederung fehlt ganz.*

    O *Sie ist lückenhaft.*

    O *Sie stimmt mit der Reihenfolge der Ausarbeitung nicht überein.*

❷ Einleitung:

• Deine Einleitung führt gekonnt zum Thema hin. Der Umfang ist angemessen. (2) _____ P.

Deine Einleitung weist folgende Mängel auf:

    O *Sie ist zu lang.*

    O *Sie nimmt Informationen vorweg, die zum Hauptteil gehören.*

    O *Sie ist zu kurz oder fehlt ganz.*

    O *Sie weist sprachliche Mängel auf.*

    O *Sie besitzt keinen Aussagewert.*

❸ Hauptteil:

• Du hast eine ausreichende Zahl an Argumenten vorgebracht. (4) _____ P.

• Du hast das Argumentationsschema (These - Argument - Beispiel) konsequent eingehalten. (8) _____ P.

Mängel: Dein Hauptteil ist inhaltlich nicht ganz richtig, weil

    O *du das Thema überhaupt nicht erfasst hast.*

    O *von dir zu wenig Argumente angeführt werden.*

    O *du das Argumentationsschema nicht konsequent einhältst.*

    O *die Reihenfolge deiner Argumente durcheinander ist.*

    O *deine Argumentation nicht der Reihenfolge in deiner Gliederung entspricht.*

    O *Beispiele fehlen.*

    O *du mit Einzelfällen anstatt mit objektiven Quellen argumentierst.*

    O *von dir Pauschalurteile angeführt werden.*

II. Sprachlicher Aspekt:

❶ Du schreibst durchgehend knapp und in der richtigen Zeitstufe, im Präsens. (3) _____ P.

❷ Dein Satzbau einschließlich verwendeter Konjunktionen ist anspruchsvoll. (3) _____ P.

❸ Du vermeidest gedankliche Sprünge. (1) _____ P.

❹ Du vermeidest Wiederholungen. (2) _____ P.

❺ Du verwendest treffende Wörter. (1) _____ P.

❻ Deine Satzanfänge sind passend und überlegt gewählt. (1) _____ P.

❼ Du bist im grammatikalischen Bereich ziemlich sicher. (2) _____ P.

❽ Du bist rechtschreibsicher. (2) _____ P.

Deine Inhaltsangabe hat folgende sprachlichen Mängel:

			Erreichte Punktzahl:
O *falsche Zeitstufe (G)*	O *oft*	O *manchmal*	
O *Satzbau, Ausdruck (A)*	O *häufig*	O *manchmal*	
O *„Bandwurmsätze" (G)*	O *häufig*	O *manchmal*	_____ von 30 P.
O *„Allerweltswörter" (A)*	O *oft*	O *manchmal*	
O *Wiederholungen (A)*	O *häufig*	O *manchmal*	
O *grammatikalische Fehler (G)*	O *oft*	O *manchmal*	Note:
O *rechtschriftliche Probleme (R)*	O *häufig*	O *manchmal*	

Hinweise: Bei durchgehend falscher Zeitstufe sollte mindestens eine Notenstufe in Abzug gebracht werden.

Eine Themaverfehlung ist mit der Note 6 zu bewerten.

✌ 30 - 27 = 1; ☺ 26,5 - 22,5 = 2; ☺ 22 - 18 = 3; ☺ 17,5 - 12 = 4; ☹ 11,5 - 6 = 5; ✸ 5,5 - 0 = 6

Mit meinem Text möchte ich nun heute klären R
ob Hilfsbereitschaft in unserer Gesellschaft heuzutage
noch "in" ist. ① Als erstes möchte ich mal erklären A/R
was das Wort "Hilfsbereitschaft" für mich bedeutet.
Ich denke man kann aktive und passive
Hilfsbereitschaft zeigen. Aktiv ist ② wohl so wenn A
man einer Person direkt hilft. ③ Zum Beispiel einer A
alten Frau über die Straße. Unter "passiv" verstehe
ich dann wenn man einer Person jetzt nicht so A/R
ganz direkt hilft, wie z.B. bei Spenden die erst A/R
über Umwege die Person erreichen.
Also ④ grundsätzlich bin ich also ④ eher der Meinung, A
das Hilfsbereitschaft keinen Platz mehr in unserer R
Gesellschaft hat da jeder auf sich selbst aufpassen
sollte. Natürlich ist es wichtig trotzdem Hilfsbereitschaft R
zu zeigen. So gilt es wohl doch ein paar Punkte wo A/R
sie heute immer noch "in" ist. Vor allem in schlim-
men Notlagen zeigt sich oftmals erst das ganze Hilfs-
bewusstsein. Als Beispiel wäre wohl hier die Flut-
katastrophe 2002 ⑤ angebracht in der durch unglaubliche A/R
Hilfsbereitschaft riesige Summen zusammen kamen und R
Menschen aus anderen Bundesländern extra anreisten um
Dämme mitzubauen. Und auch sonst ist Hilfe
im Allgemeinen immer noch da. So wird alten Menschen R
⑥ immer noch geholfen oder im Allgemeinen einfach A/R
Leuten die Hilfe benötigen. Bei letztens habe ich zum R
Beispiel einen Jungen gesehen wie er eine unbekannte R

1 Einleitung ausführlicher!

2 Besser formulieren!

3 Ganzen Satz bilden!

4 Nichtssagende Füllwörter!

5 Besseres Wort!

6 Wiederholung!

alter Frau gefragt hat, ob er ihr Gepäck am Bahnhof tragen soll. | **R**

Aber ich finde auch, das man Hilfsbereitschaft heute nicht | **R**

mehr als so wichtig ansehen darf. Man muss erst | **A** ∫ Ziemlich egoistisch!

mal auf sich selbst achten, bevor man sich der völligen | **A**

Hilfe anderer zuwendet. So ist es zum Beispiel in der | **A**

Wirtschaft. Bloß weil eine Firma nicht mit ihrem Geld ⑦ | **A** | **7** Unpassendes Beispiel!

handhaben kann oder durch welche Gründe auch immer ⑧ | **A** | **8** Pauschal!

wird ihr nicht geholfen. Und manchmal wird die Hilfe

des einzelnen einfach ausgenutzt. Wie das | **R**

Sprichwort schon sagt, wenn du einer Person einen

Finger gibst, nimmt sie die ganze | **R**

Hand. Zum Beispiel gewöhnen sich Menschen

irgendwann an die Hilfe und sehen es dann als

Pflicht an, dass sie versorgt werden. Als Beispiel

kann man hier oft Sozialhilfeempfänger sehen, die | **R**

nach einer gewissen Zeit gar keine Lust mehr auf ⑨ | **A** | **9** Umgangssprache!

Arbeit haben und sich nur noch durch der

Stadt versorgen lassen.

Also ⑩ abschließend möchte ich einen Ausblick in die | **A** | **10** Füllwort!

Zukunft geben. Es wird sich wohl nicht viel in nächster

Zeit ändern ⑪. Schade ist, dass immer erst Katastrophen | **R/A** | **11** Besseres Wort!

oder ähnliches nötig sind um die ganze Hilfs- | **R**

bereitschaft einer Bevölkerung freizusetzen. Aber ich vertrete

genau so die Meinung, das man zuerst auf sich | **R**

selber achten muss, bevor man sich um andere kümmert. | **A**

Besser gliedern:
Hilfsbereitschaft in Schule, Familie, Freundeskreis, Beruf, Gesellschaft

| **D** | **Thema:** Echte Hilfsbereitschaft - heute nicht mehr „in"? | **Name:** Daniel F. (M 9) | |

Bewertungsblatt: Begründete Stellungnahme

I. Inhaltlicher Aspekt:

❶ Gliederung:
• Deine Gliederung ist sauber und übersichtlich gestaltet. (1)   _____ P.
Folgende Mängel sind festzustellen:
      ⊗ *Die Gliederung fehlt ganz.*
      O *Sie ist lückenhaft.*
      O *Sie stimmt mit der Reihenfolge der Ausarbeitung nicht überein.*

❷ Einleitung:
• Deine Einleitung führt gekonnt zum Thema hin. Der Umfang ist angemessen. (2)   __1__ P.
Deine Einleitung weist folgende Mängel auf:
      O *Sie ist zu lang.*
      O *Sie nimmt Informationen vorweg, die zum Hauptteil gehören.*
      O *Sie ist zu kurz oder fehlt ganz.*
      ⊗ *Sie weist sprachliche Mängel auf.*
      O *Sie besitzt keinen Aussagewert.*

❸ Hauptteil:
• Du hast eine ausreichende Zahl an Argumenten vorgebracht. (4)   __3__ P.
• Du hast das Argumentationsschema (These - Argument - Beispiel) konsequent eingehalten. (8)   __4__ P.
Mängel: Dein Hauptteil ist inhaltlich nicht ganz richtig, weil
      O *du das Thema überhaupt nicht erfasst hast.*
      ⊗ *von dir zu wenig Argumente angeführt werden.*
      ⊗ *du das Argumentationsschema nicht konsequent einhältst.*
      O *die Reihenfolge deiner Argumente durcheinander ist.*
      O *deine Argumentation nicht der Reihenfolge in deiner Gliederung entspricht.*
      ⊗ *Beispiele fehlen.*
      O *du mit Einzelfällen anstatt mit objektiven Quellen argumentierst.*
      ⊗ *von dir Pauschalurteile angeführt werden.*

II. Sprachlicher Aspekt:

❶ Du schreibst durchgehend knapp und in der richtigen Zeitstufe, im Präsens. (3)   __3__ P.
❷ Dein Satzbau einschließlich verwendeter Konjunktionen ist anspruchsvoll. (3)   __1__ P.
❸ Du vermeidest gedankliche Sprünge. (1)   __1__ P.
❹ Du vermeidest Wiederholungen. (2)   __1__ P.
❺ Du verwendest treffende Wörter. (1)   __-__ P.
❻ Deine Satzanfänge sind passend und überlegt gewählt. (1)   __-__ P.
❼ Du bist im grammatikalischen Bereich ziemlich sicher. (2)   __2__ P.
❽ Du bist rechtschreibsicher. (2)   __1__ P.

Deine Inhaltsangabe hat folgende sprachlichen Mängel:

O *falsche Zeitstufe (G)*	O *oft*	O *manchmal*	
⊗ *Satzbau, Ausdruck (A)*	⊗ *häufig*	O *manchmal*	
O *„Bandwurmsätze" (G)*	O *häufig*	O *manchmal*	
⊗ *„Allerweltswörter" (A)*	O *oft*	⊗ *manchmal*	
⊗ *Wiederholungen (A)*	O *häufig*	⊗ *manchmal*	
O *grammatikalische Fehler (G)*	O *oft*	O *manchmal*	
⊗ *rechtschriftliche Probleme (R)*	⊗ *häufig*	O *manchmal*	

Erreichte Punktzahl:

__17__ von 30 P.

Note: **4**

Hinweise: Bei durchgehend falscher Zeitstufe sollte mindestens eine Notenstufe in Abzug gebracht werden.
Eine Themaverfehlung ist mit der Note 6 zu bewerten.

✌ 30 - 27 = 1; ☺ 26,5 - 22,5 = 2; ☺ 22 - 18 = 3; ☺ 17,5 - 12 = 4; ☹ 11,5 - 6 = 5; ☛ 5,5 - 0 = 6

Isabell   M10a

Früher, vor vielen Jahrzehnten gab es mehr
Hilfsbereitschaft als jetzt. Hätte irgendjemand
Hilfe gebraucht, hätte man ihm geholfen. Heute
sieht das ganz anderst aus. Da stellt sich die
Frage, ob echte Hilfsbereitschaft heute nicht mehr
"in" ist?

Der erste Punkt, der gegen die Aussage "Echte
Hilfsbereitschaft - heute nicht mehr in" ist, ist in
der Schule. Sobald ein Mitschüler oder Schüler
ein Problem hat, hann ihm jeder helfen. Wenn ich
z.B. ein Fach nicht verstehe, hann ich zu einem
Mitschüler gehen, der mir das nochmal richtig
erklärt, so dass ich es auch verstehe.

Ein anderes Argument gegen die Behauptung "Echte
Hilfsbereitschaft heute nicht mehr in" ist in der
Arbeit. Wenn man nicht so genau weiß, wie man
z.B. ein spezielles Programm auf dem Computer
bedient, aber es für seine tägliche Arbeit braucht,
hann man seine Arbeitshollegen fragen, wie es
funktioniert. Der Kollege wird demjenigen dann
bestimmt helfen, damit er das Programm nutzen
hann.

Mein letzter Punkt der gegen die Aussage "Echte
Hilfsbereitschaft - heute nicht mehr in" spricht, ist
zuhause. Wenn jetzt z.B. meine Mutter krank ist,
hann ich für sie hochen und putzen. Auch meine
Geschwister können mir dabei helfen, damit meine

Margin annotations:
R
1 Warum? Beispiel! Pauschal!
A
R 2 Wie? Beispiel!
R
A
A 3 Zu allgemein!
A 4 Wiederholung!
A 5 Monotone Satzanfänge!
Ungeeignetes Beispiel!
R
A

Mutter nicht so viel tun muss und wieder schnell ge-
sund wird.

Der erste Punkt, der für die Behauptung „Echte Hilfsbereitschaft -Leute nicht mehr in" ist, auf der Straße. **A** **A** Satzbau!

Wenn man heutzutage eine ältere Dame sieht, die
mit Einkaufstüten bepackt ist und auf der Straße
läuft, wird ihr nicht geholfen. ⑥ Da es für uns die Jugend- **G** **6 Satz un-vollständig!**
lichen oder auch Erwachsenen nicht einfällt diesen **R**
Leuten zu helfen.

Für die Behauptung „Echte Hilfsbereitschaft - Leute **A** **A** Satzbau! Sinn?
nicht mehr in" ist, der Egoismus. Viele Menschen
denken, dass wenn ihnen niemand hilft, werden sie **A/R**
auch niemanden helfen. **G**

Ich denke, dass die echte Hilfsbereitschaft in den
nächsten Jahren immer mehr zurückgehen wird. Denn jeder
wird sich dann denken, warum ich soll Leuten
helfen, wenn sie mir nicht helfen. Meiner Meinung
nach sollten alle sich Menschen gegenseitig helfen, denn
mit Hilfe geht es einem besser als ohne.

Sprachlich und inhaltlich sehr einfach gehalten!

| **D** | **Thema:** Echte Hilfsbereitschaft - heute nicht mehr „in"? | **Name:** Isabell B. (M 9) | |

Bewertungsblatt: Begründete Stellungnahme

I. Inhaltlicher Aspekt:

❶ Gliederung:
• Deine Gliederung ist sauber und übersichtlich gestaltet. (1)   __-__ P.
Folgende Mängel sind festzustellen:
     ⊗ *Die Gliederung fehlt ganz.*
     O *Sie ist lückenhaft.*
     O *Sie stimmt mit der Reihenfolge der Ausarbeitung nicht überein.*

❷ Einleitung:
• Deine Einleitung führt gekonnt zum Thema hin. Der Umfang ist angemessen. (2)   __-__ P.
Deine Einleitung weist folgende Mängel auf:
     O *Sie ist zu lang.*
     O *Sie nimmt Informationen vorweg, die zum Hauptteil gehören.*
     O *Sie ist zu kurz oder fehlt ganz.*
     ⊗ *Sie weist sprachliche Mängel auf.*
     ⊗ *Sie besitzt keinen Aussagewert.*

❸ Hauptteil:
• Du hast eine ausreichende Zahl an Argumenten vorgebracht. (4)   __3__ P.
• Du hast das Argumentationsschema (These - Argument - Beispiel) konsequent eingehalten. (8)   __4__ P.
Mängel: Dein Hauptteil ist inhaltlich nicht ganz richtig, weil
     O *du das Thema überhaupt nicht erfasst hast.*
     ⊗ *von dir zu wenig Argumente angeführt werden.*
     ⊗ *du das Argumentationsschema nicht konsequent einhältst.*
     O *die Reihenfolge deiner Argumente durcheinander ist.*
     O *deine Argumentation nicht der Reihenfolge in deiner Gliederung entspricht.*
     ⊗ *Beispiele fehlen.*
     O *du mit Einzelfällen anstatt mit objektiven Quellen argumentierst.*
     ⊗ *von dir Pauschalurteile angeführt werden.*

II. Sprachlicher Aspekt:

❶ Du schreibst durchgehend knapp und in der richtigen Zeitstufe, im Präsens. (3)   __2__ P.
❷ Dein Satzbau einschließlich verwendeter Konjunktionen ist anspruchsvoll. (3)   __-__ P.
❸ Du vermeidest gedankliche Sprünge. (1)   __1__ P.
❹ Du vermeidest Wiederholungen. (2)   __1__ P.
❺ Du verwendest treffende Wörter. (1)   __-__ P.
❻ Deine Satzanfänge sind passend und überlegt gewählt. (1)   __-__ P.
❼ Du bist im grammatikalischen Bereich ziemlich sicher. (2)   __-__ P.
❽ Du bist rechtschreibsicher. (2)   __1__ P.

Deine Inhaltsangabe hat folgende sprachlichen Mängel:

O *falsche Zeitstufe (G)*	O *oft*	O *manchmal*
⊗ *Satzbau, Ausdruck (A)*	⊗ *häufig*	O *manchmal*
⊗ *„Bandwurmsätze" (G)*	⊗ *häufig*	O *manchmal*
⊗ *„Allerweltswörter" (A)*	O *oft*	⊗ *manchmal*
⊗ *Wiederholungen (A)*	⊗ *häufig*	O *manchmal*
O *grammatikalische Fehler (G)*	O *oft*	O *manchmal*
⊗ *rechtschriftliche Probleme (R)*	O *häufig*	⊗ *manchmal*

Erreichte Punktzahl:

12 von 30 P.

Note: **4**

Hinweise: Bei durchgehend falscher Zeitstufe sollte mindestens eine Notenstufe in Abzug gebracht werden.
Eine Themaverfehlung ist mit der Note 6 zu bewerten.

✌ 30 - 27 = 1; ☺ 26,5 - 22,5 = 2; ☺ 22 - 18 = 3; ☺ 17,5 - 12 = 4; ☹ 11,5 - 6 = 5; ☗ 5,5 - 0 = 6

Tanja D.＿＿＿   H8   A.S.2002

Schlüsselqualifikationen
sind wichtige Voraussetzungen, um
im Berufsleben erfolgreich
zu sein.
Nimm dazu Stellung!

Schon in der Schule wird man auf das Berufsleben vorbereitet durch Praktikas und Betriebserkundungen. Für jeden Beruf sind bestimmte soziale, fachliche und persönliche Kompetenzen Voraussetzung/diese Kompetenzen werden auch Schlüssel-qualifikationen genannt. Nun einige Argumente zu den Qualifikationen. ⨯

   Das erste Argument zur Schlüsselqualifikationen ist das Teamwork/dies ist einer der wichtigsten Voraussetzungen in den meisten Berufen. Teamwork ist so wichtig da nur durch perfekte Zusammen-arbeit und Vertrauen die Arbeit schnell, ordentlich und sauber erledigt werden kann. ⨯

   Ein weiteres Argument ist der Fleiß, der auch einen sehr hohen Stellenwert bei der Einstellung eines Arbeiters vertritt. Wenn Ich als Arbeiter fleißig bin und meine Arbeit zügig erledige, kann ich mehr leisten/dadurch habe ich einen gesicherteren Arbeitsplatz und werde so für meinen Fleiß belohnt.

   Durchaus ein weiteres wichtiges Argument, sind die sprachlichen Kenntnisse. Wenn ich in

Korrekturzeichen am Rand:

G	**1** Satzstellung!
A	
	2 Genaue Themafrage!
A/G	**3** Satz!
A/G	
R/A	**4** Wiederholung!
	5 Beispiel!
R	
A/R	**6** Anderes Wort!
	7 Wiederholung!
A	
G	**8** Komparativ falsch!
R	

Deutsch eine $\overset{\text{Eins}}{1}$ oder $\overset{\text{Zwei}}{2}$ im Zeugniss habe, bekomme ich   R

leichter einen Job im Büro etc. als mit schlechten   R

Noten wie 4-6, da gute Deutsch Kenntnisse mich   R

im Leben und in meiner Karriere weiter bringen.   R

— Die Mathematischenfähigkeiten sind auch ein Ar-   R

gument, dass wichtig ist. In vielen Berufen habe ich   R

mit Zahlen zu tun, muss Rechnungen etc. schreiben,

darum brauche ich gute bis sehr gute Mathema-   A/R

tischeKenntnisse, um den Anforderungen der Firma   R

gerecht zu werden.

— Als letztes Argument zähle ich die sprachlich   **9** Besser:
Eloquenz

⑨ gewand Beratung auf, die auch eine Voraussetz-   A/R

ung für bestimmte Berufe ist. Wenn ich z. B.

⑩ Dinge an einen Kunden verkaufen will, kann ich,   A   **10** Allerweltswort!

wenn ich mich gut auskenne den Kunden so gut   R

wie möglich Beraten und so zum Kauf überreden⑪.   R/A   **11** Zu
negativ!

Zu diesem Thema gibt es viele Argumente die   R

gute Beispiele sind. Die Schlüsselqualifikationen   A

(Voraussetzungen) sind im Berufsleben sehr

wichtig, da man nur mit bestimmten Voraus-

setzungen den gewünschten bzw. gewählten

Beruf bekommen kann. So finde ich das zu-   A

mindest und darum wähle ich meinen Be-   R   } Zu allgemein!

ruf passend zu meinen Qualifikationen aus.   R

D	**Thema:** Schlüsselqualifikationen	**Name:** Tanja D. (M 8)	

Bewertungsblatt: Begründete Stellungnahme

I. Inhaltlicher Aspekt:

❶ Gliederung:
• Deine Gliederung ist sauber und übersichtlich gestaltet. (1)   — P.

Folgende Mängel sind festzustellen:
     ⊗ *Die Gliederung fehlt ganz.*
     O *Sie ist lückenhaft.*
     O *Sie stimmt mit der Reihenfolge der Ausarbeitung nicht überein.*

❷ Einleitung:
• Deine Einleitung führt gekonnt zum Thema hin. Der Umfang ist angemessen. (2)   **2** P.

Deine Einleitung weist folgende Mängel auf:
     O *Sie ist zu lang.*
     O *Sie nimmt Informationen vorweg, die zum Hauptteil gehören.*
     O *Sie ist zu kurz oder fehlt ganz.*
     O *Sie weist sprachliche Mängel auf.*
     O *Sie besitzt keinen Aussagewert.*

❸ Hauptteil:
• Du hast eine ausreichende Zahl an Argumenten vorgebracht. (4)   **4** P.
• Du hast das Argumentationsschema (These - Argument - Beispiel) konsequent eingehalten. (8)   **4** P.

Mängel: Dein Hauptteil ist inhaltlich nicht ganz richtig, weil
     O *du das Thema überhaupt nicht erfasst hast.*
     O *von dir zu wenig Argumente angeführt werden.*
     ⊗ *du das Argumentationsschema nicht konsequent einhältst.*
     O *die Reihenfolge deiner Argumente durcheinander ist.*
     O *deine Argumentation nicht der Reihenfolge in deiner Gliederung entspricht.*
     ⊗ *Beispiele fehlen.*
     O *du mit Einzelfällen anstatt mit objektiven Quellen argumentierst.*
     O *von dir Pauschalurteile angeführt werden.*

II. Sprachlicher Aspekt:

❶ Du schreibst durchgehend knapp und in der richtigen Zeitstufe, im Präsens. (3)   **3** P.
❷ Dein Satzbau einschließlich verwendeter Konjunktionen ist anspruchsvoll. (3)   **1** P.
❸ Du vermeidest gedankliche Sprünge. (1)   **1** P.
❹ Du vermeidest Wiederholungen. (2)   **1** P.
❺ Du verwendest treffende Wörter. (1)   **1** P.
❻ Deine Satzanfänge sind passend und überlegt gewählt. (1)   **1** P.
❼ Du bist im grammatikalischen Bereich ziemlich sicher. (2)   **1** P.
❽ Du bist rechtschreibsicher. (2)   — P.

Deine Inhaltsangabe hat folgende sprachlichen Mängel:

O *falsche Zeitstufe (G)*	O *oft*	O *manchmal*
⊗ *Satzbau, Ausdruck (A)*	O *häufig*	⊗ *manchmal*
⊗ *„Bandwurmsätze" (G)*	⊗ *häufig*	O *manchmal*
O *„Allerweltswörter" (A)*	O *oft*	O *manchmal*
⊗ *Wiederholungen (A)*	O *häufig*	⊗ *manchmal*
O *grammatikalische Fehler (G)*	O *oft*	O *manchmal*
⊗ *rechtschriftliche Probleme (R)*	⊗ *häufig*	O *manchmal*

Erreichte Punktzahl:

19 von 30 P.

Note: **3**

Hinweise: Bei durchgehend falscher Zeitstufe sollte mindestens eine Notenstufe in Abzug gebracht werden.

Eine Themaverfehlung ist mit der Note 6 zu bewerten.

✌ 30 - 27 = 1; ☺ 26,5 - 22,5 = 2; ☺ 22 - 18 = 3; ☺ 17,5 - 12 = 4; ☹ 11,5 - 6 = 5; ✊ 5,5 - 0 = 6

D

Merkblatt: Erörterung

Eine Erörterung ist eine Erweitertung der begründeten Stellungnahme. Sie nimmt möglichst objektiv Stellung zu einem Sachverhalt oder einem Problem. Bei der Erörterung ist die Einleitung etwas umfangreicher und der Schluss kommt dazu.

Die **zwei wichtigsten Typen** der Erörterung sind die _____ oder lineare (z. B. Fragen nach Ursachen, Erscheinungsformen und Folgen eines Problems) und die _____-_____ oder abhandelnde Erörterung (z. B. „Pro" und „Kontra" eines Problems).

❶ Inhalt:

① Stoffsammlung, Stoffordnung und Gliederung:

Schreiben Sie alle Argumente auf, die Ihnen zum Thema einfallen. Fassen Sie diese in einem Mind-Map unter Oberbegriffen zusammen und ordnen Sie dann den einzelnen Argumenten Beispiele zu. Die Gliederung ist vergleichbar mit einem Inhaltsverzeichnis. Sie enthält die Bestandteile der Erörterung in Kurzform. In der Gliederung legen Sie die Reihenfolge der Argumente fest. Diese sollten in steigernder Reihenfolge angeordnet werden. Das gewichtigste Argument sollte dabei immer am Ende stehen. Bei der schriftlichen Ausführung müssen Sie sich an diese Reihenfolge halten. Die Gliederung kann im **Verbal**- oder **Nominalstil** abgefasst sein. Die Nummerierung kann **konventionell** (A - B - I. - 1. - a. - ... - C) oder **numerisch** (1 - 2 - 2.1 - 2.1.1 - ... - 3 - ...) erfolgen.

② Einleitung und Schluss:

Die Einleitung soll zum Thema **hinführen** und **Interesse wecken**. Das kann z. B. über ein **persönliches Erlebnis**, ein **aktuelles Ereignis**, ein **Ereignis aus der Geschichte** oder eine **Begriffsdefinition** geschehen. Die Einleitung darf keine Argumente aus dem Hauptteil **vorwegnehmen**. Am Ende der Einleitung muss die **Themafrage** stehen.

Der Schluss rundet das Thema ab. Das kann z. B. über den **Ausdruck der eigenen Meinung**, die **Zukunftsaussichten** oder über das **Abwägen gegensätzlicher Standpunkte** geschehen.

③ Hauptteil:

Nun handeln Sie Ihre Argumente der Reihe nach ab, wobei Sie sich konsequent an das Argumentationsschema (4 B's) halten sollten. Jedes Argument besteht aus: ① **Behauptung** (These) ⇨ ② **Begründung** ⇨ ③ **Beispiel** (Veranschaulichung) ⇨ ④ **Bezug** (Folgerung, die zurück zur Behauptung führt). Die Argumentation muss sachlich sein. Subjektive Urteile und emotionale Äußerungen sind zu unterlassen.

❷ Sprache:

① Die Zeitstufe der Erörterung ist die _____ (_____).

② Die Sprache sollte _____, _____ und _____ sein.

③ Aussagen von Personen sollten in der _____ Rede wiedergegeben werden.

④ Verwenden Sie _____.

⑤ Achten Sie auf abwechslungsreiche _____ von einem Argument zum anderen.

⑥ Verwenden Sie _____ Adjektive, Adverbien und Verben.

❸ Planungsschritte:

① Lesen Sie das _____ durch, suchen Sie wichtige Begriffe, finden Sie den _____.

② Verfassen Sie zuerst eine möglichst umfangreiche _____.

③ Ordnen Sie die Stichpunkte und erstellen Sie gesondert auf einem Blatt eine _____.

④ Arbeiten Sie nun die Erörterung entlang Ihrer Gliederung in sauberer und leserlicher Form aus.

⑤ Lesen Sie Ihre Erörterung genau durch und überprüfen Sie nach der _____.

D

Merkblatt: Erörterung (Lösung)

Eine Erörterung ist eine Erweiterung der begründeten Stellungnahme. Sie nimmt möglichst objektiv Stellung zu einem Sachverhalt oder einem Problem. Bei der Erörterung ist die Einleitung etwas umfangreicher und der Schluss kommt dazu.

Die **zwei wichtigsten Typen** der Erörterung sind die ___einsträngig-steigernde___ oder lineare (z. B. Fragen nach Ursachen, Erscheinungsformen und Folgen eines Problems) und die ___dialek-tische___ oder abhandelnde Erörterung (z. B. „Pro" und „Kontra" eines Problems).

❶ Inhalt:

① **Stoffsammlung, Stoffordnung und Gliederung:**

Schreiben Sie alle Argumente auf, die Ihnen zum Thema einfallen. Fassen Sie diese in einem Mind-Map unter Oberbegriffen zusammen und ordnen Sie dann den einzelnen Argumenten Beispiele zu. Die Gliederung ist vergleichbar mit einem Inhaltsverzeichnis. Sie enthält die Bestandteile der Erörterung in Kurzform. In der Gliederung legen Sie die Reihenfolge der Argumente fest. Diese sollten in steigernder Reihenfolge angeordnet werden. Das gewichtigste Argument sollte dabei immer am Ende stehen. Bei der schriftlichen Ausführung müssen Sie sich an diese Reihenfolge halten. Die Gliederung kann im **Verbal-** oder **Nominalstil** abgefasst sein. Die Nummerierung kann **konventionell** (A - B - I. - 1. - a. - ... - C) oder **numerisch** (1 - 2 - 2.1 - 2.1.1 - ... - 3 - ...) erfolgen.

② **Einleitung und Schluss:**

Die Einleitung soll zum Thema **hinführen** und **Interesse wecken**. Das kann z. B. über ein **persönliches Erlebnis**, ein **aktuelles Ereignis**, ein **Ereignis aus der Geschichte** oder eine **Begriffsdefinition** geschehen. Die Einleitung darf keine Argumente aus dem Hauptteil **vorwegnehmen**. Am Ende der Einleitung muss die **Themafrage** stehen.

Der Schluss rundet das Thema ab. Das kann z. B. über den **Ausdruck der eigenen Meinung**, die **Zukunftsaussichten** oder über das **Abwägen gegensätzlicher Standpunkte** geschehen.

③ **Hauptteil:**

Nun handeln Sie Ihre Argumente der Reihe nach ab, wobei Sie sich konsequent an das Argumentationsschema (4 B's) halten sollten. Jedes Argument besteht aus: ① **Behauptung** (These) ⇨ ② **Begründung** ⇨ ③ **Beispiel** (Veranschaulichung) ⇨ ④ **Bezug** (Folgerung, die zurück zur Behauptung führt). Die Argumentation muss sachlich sein. Subjektive Urteile und emotionale Äußerungen sind zu unterlassen.

❷ Sprache:

① Die Zeitstufe der Erörterung ist die ___Gegenwart___ (___Präsens___).

② Die Sprache sollte ___sachlich___, ___knapp___ und ___objektiv___ sein.

③ Aussagen von Personen sollten in der ___indirekten___ Rede wiedergegeben werden.

④ Verwenden Sie ___Fachausdrücke___.

⑤ Achten Sie auf abwechslungsreiche ___Konjunktionen___ von einem Argument zum anderen.

⑥ Verwenden Sie ___treffende___ Adjektive, Adverbien und Verben.

❸ Planungsschritte:

① Lesen Sie das ___Thema___ durch, suchen Sie wichtige Begriffe, finden Sie den ___Erörterungstyp___.

② Verfassen Sie zuerst eine möglichst umfangreiche ___Stoffsammlung___.

③ Ordnen Sie die Stichpunkte und erstellen Sie gesondert auf einem Blatt eine ___Stoffgliederung___.

④ Arbeiten Sie nun die Erörterung entlang Ihrer Gliederung in sauberer und leserlicher Form aus.

⑤ Lesen Sie Ihre Erörterung genau durch und überprüfen Sie nach der ___Rechtschreibung___.

D	Thema:	Name:	

Bewertungsblatt: Erörterung

I. Inhaltlicher Aspekt:

❶ Gliederung:
• Ihre Gliederung ist sauber und übersichtlich gestaltet. (2)   _____ P.
Folgende Mängel sind festzustellen:
    O *Die Gliederung ist lückenhaft oder fehlt ganz.*
    O *Sie stimmt mit der Reihenfolge der Ausarbeitung nicht überein.*

❷ Einleitung:
• Ihre Einleitung führt gekonnt zum Thema hin. Der Umfang ist angemessen. (2)   _____ P.
Ihre Einleitung weist folgende Mängel auf:
    O *Sie ist zu lang.*   O *Sie ist zu kurz oder fehlt ganz.*   O *Die Themafrage fehlt.*
    O *Sie nimmt Informationen vorweg, die zum Hauptteil gehören.*
    O *Sie hat mit dem Thema kaum etwas oder gar nichts zu tun.*

❸ Hauptteil:
• Sie haben eine ausreichende Zahl an Argumenten vorgebracht. (4)   _____ P.
• Sie haben das Argumentationsschema (These - Argument - Beispiel) konsequent eingehalten. (8)   _____ P.
Mängel: Ihr Hauptteil ist inhaltlich nicht ganz richtig, weil
    O *Sie das Thema überhaupt nicht erfasst haben.*
    O *Sie den Erörterungstyp nicht erkannt haben.*
    O *von Ihnen zu wenig Argumente angeführt werden.*
    O *Sie das Argumentationsschema nicht eingehalten oder durchgehalten haben.*
    O *Ihre Argumentation nicht der Reihenfolge in Ihrer Gliederung entspricht.*
    O *Beispiele fehlen.*
    O *Sie mit Einzelfällen anstatt mit objektiven Quellen argumentieren.*
    O *von Ihnen Pauschalurteile gefällt werden.*

❹ Schluss:
• Ihr Schluss rundet das Thema passend ab. Der Umfang ist angemessen. (2)   _____ P.
Ihr Schluss weist folgende Mängel auf:
    O *Er ist zu lang.*   O *Er ist zu kurz oder fehlt ganz.*
    O *Er besitzt Informationen, die zum Hauptteil gehören.*
    O *Er lässt die Meinung des Verfassers unberücksichtigt.*

II. Sprachlicher Aspekt:

❶ Sie schreiben durchgehend knapp und in der richtigen Zeitstufe, im Präsens. (3)   _____ P.
❷ Ihr Satzbau einschließlich verwendeter Konjunktionen ist anspruchsvoll. (3)   _____ P.
❸ Sie vermeiden gedankliche Sprünge. (2)   _____ P.
❹ Sie vermeiden Wiederholungen. (2)   _____ P.
❺ Sie verwenden Fachwörter und treffende Wörter. (2)   _____ P.
❻ Ihre Satzanfänge sind passend und überlegt gewählt. (2)   _____ P.
❼ Sie sind im grammatikalischen Bereich ziemlich sicher. (2)   _____ P.
❽ Sie sind rechtschreibsicher. (2)   _____ P.

Ihre Inhaltsangabe hat folgende sprachlichen Mängel:

			Erreichte Punktzahl:
O *falsche Zeitstufe (G)*	O *oft*	O *manchmal*	
O *Satzbau, Ausdruck (A)*	O *häufig*	O *manchmal*	**_____ von 36 P.**
O *Wiederholungen (A)*	O *häufig*	O *manchmal*	
O *grammatikalische Fehler (G)*	O *oft*	O *manchmal*	
O *rechtschriftliche Probleme (R)*	O *häufig*	O *manchmal*	Note:

Hinweise: Bei durchgehend falscher Zeitstufe sollte mindestens eine Notenstufe in Abzug gebracht werden. Eine Themaverfehlung ist mit der Note 6 zu bewerten.

✌ 36 - 33 = 1; ☺ 32,5 - 28 = 2; ☺ 27,5 - 22 = 3; ☺ 21,5 - 16 = 4; ☹ 15,5 - 9 = 5; 💣 8,5 - 0 = 6

Mein heutiges Thema lautet „Vor Problemen fliehen, die Lösung dem Zufall überlassen oder Eigeninitiative entwickeln? Dazu möchte ich als erstes das Wort „Eigeninitiative" erklären. Wenn jemand Eigeninitiative entwickelt, ist das für mich ein Mensch der seinen Problemen ins Gesicht schaut, ~~zwar~~ vielleicht auch Angst davor hat aber trotzdem genug Selbstbewusstsein sich zu wehren und etwas dagegen zu unternehmen. Von der Theorie, wenn man Probleme hat, davor zu fliehen, halte ich nicht viel. Nehmen wir zum Beispiel die Situation her, wenn zwei Jungs sich streiten. In diesem Fall ist es nicht gut vor dem Problem zu fliehen, sondern eher darüber zu sprechen. Denn erstens könnte die Freundschaft darunter leiden, oder auch die Klassensituation wenn zwei gar nicht mehr miteinander sprechen. Auch wenn sie sich dann mal prügeln. Natürlich ist diese Situation nicht schön aber besser als weglaufen und das Problem ewig mit sich ~~rumzu~~ rumzutragen. In unserer Schule könnte man zum Beispiel auch zu den Streitschlichtern gehen und alles ausdiskutieren. Also zusammengefasst, es ist alles besser ~~wenn~~ als zu fliehen. Beim nächsten Punkt nämlich die Lösung

① **1** Wiederholung!
2 Satzbau!
③ **3** Allerweltswort!

A
R
R/A
A
A
R
R
A
A
R

dem Zufall überlassen_bin ich auch nicht einverstanden. **R**

Hat man beispielsweise ein Problem in der Schule mit Englisch, dann bringt es gar nichts_wenn man alles dem Zufall **R** überlässt, denn spätestens beim nächsten Zeugnis holt das Problem④mit den Eltern **A** { 4 Satzbau! einen ein. Also sollte man gleich reagiere _einen Nachhilfe_lehrer suchen oder einfach **R** mehr lernen.

Wie also ~~oben~~ jetzt sicherlich schon zu **A** ~~erkennen~~ ist_bin ich der absolute verfechter, **R** ~~der Eigenini~~ dass jemand bei Problemen Eigeninitiative entwickeln sollte.

Wenn jemand⑤am Arbeitsplatz gemobbt **A** wird, ist es besser_wenn er sich gleich **R** an seinen Chef wendet oder direkt auf die_jenige Person~~en~~ zugeht, anstatt es **R** über sich ergehen zu lassen. Sonst wird der Alltag zur Hölle und man hat keinen Spaß mehr an der Arbeit. Somit hat man gleich das Problem selbst in die Hand genommen und Eigeninitiative ent-wickelt.

Auch bei Problemen in der Familie ist es besser_alles zu bereden, sich zu- **R** sammen_zusetzen und zu diskutieren als **R** davor zu fliehen oder es gar dem Zufall zu überlassen. Denn mit diesen Personen ~~sind~~

5 Wiederho-lung!

verbringt man schließlich sein ganzes
Leben. Wenn Reden nicht mehr möglich
ist, kann man sich auch bei Beratungen
profissionelle Hilfe holen. Also auch Eigeniniti- **R/A**
ative ist besser als fliehen.
Mein letzter Punkt wo ich es besser finde **R/G**
Eigeninitiative zu entwickeln ist, wenn **A**   } Satzbau!
man das Problem hat arbeitslos zu **A**
sein. und Hier sollte man erst Recht **R**
nicht dem Zufall überlassen, denn eine **R**
Arbeitsstelle fliegt einem nicht einfach
so zu. Man sollte lieber Bewerbungen
ohne Ende schreiben und zum Arbeits- **R**
amt gehen oder auch eine Umschulung
m beginnen.
Wenn nämlich alles dies nicht funktioniert
und man nicht mal mehr eine Chance
hat Eigeninitiative zu zeigen, gibt es immer **R**
noch die Möglichkeit, bei dem Gesetz sprich **R**
Polizei usw. Hilfe zu suchen. ⑥ Oder bei Öffent- **A/R** 6 Neuer Satz!
lichen Organisationen wie Frauenhäuser ⑦ Jugend **G** 7 Ergänzen!
amt. Auf jeden Fall sollte man immer
seine Probleme selbst in die Hand nehmen.

| **D** | **Thema:** Vor Problemen fliehen/dem Zufall überlassen/Eigeninitiative | **Name:** Barbara F. (M 9) | |

Bewertungsblatt: Erörterung

I. Inhaltlicher Aspekt:

❶ Gliederung:
- Ihre Gliederung ist sauber und übersichtlich gestaltet. (2)   **2** P.

Folgende Mängel sind festzustellen:
- O *Die Gliederung ist lückenhaft oder fehlt ganz.*
- O *Sie stimmt mit der Reihenfolge der Ausarbeitung nicht überein.*

❷ Einleitung:
- Ihre Einleitung führt gekonnt zum Thema hin. Der Umfang ist angemessen. (2)   **1** P.

Ihre Einleitung weist folgende Mängel auf:
- O *Sie ist zu lang.*   ⊗ *Sie ist zu kurz oder fehlt ganz.*   O *Die Themafrage fehlt.*
- O *Sie nimmt Informationen vorweg, die zum Hauptteil gehören.*
- O *Sie hat mit dem Thema kaum etwas oder gar nichts zu tun.*

❸ Hauptteil:
- Sie haben eine ausreichende Zahl an Argumenten vorgebracht. (4)   **3** P.
- Sie haben das Argumentationsschema (These - Argument - Beispiel) konsequent eingehalten. (8)   **6** P.

Mängel: Ihr Hauptteil ist inhaltlich nicht ganz richtig, weil
- O *Sie das Thema überhaupt nicht erfasst haben.*
- O *Sie den Erörterungstyp nicht erkannt haben.*
- ⊗ *von Ihnen zu wenig Argumente angeführt werden.*
- O *Sie das Argumentationsschema nicht eingehalten oder durchgehalten haben.*
- O *Ihre Argumentation nicht der Reihenfolge in Ihrer Gliederung entspricht.*
- ⊗ *Beispiele fehlen.*
- O *Sie mit Einzelfällen anstatt mit objektiven Quellen argumentieren.*
- O *von Ihnen Pauschalurteile gefällt werden.*

❹ Schluss:
- Ihr Schluss rundet das Thema passend ab. Der Umfang ist angemessen. (2)   **1** P.

Ihr Schluss weist folgende Mängel auf:
- O *Er ist zu lang.*   ⊗ *Er ist zu kurz oder fehlt ganz.*
- O *Er besitzt Informationen, die zum Hauptteil gehören.*
- O *Er lässt die Meinung des Verfassers unberücksichtigt.*

II. Sprachlicher Aspekt:

- ❶ Sie schreiben durchgehend knapp und in der richtigen Zeitstufe, im Präsens. (3)   **3** P.
- ❷ Ihr Satzbau einschließlich verwendeter Konjunktionen ist anspruchsvoll. (3)   **2** P.
- ❸ Sie vermeiden gedankliche Sprünge. (2)   **2** P.
- ❹ Sie vermeiden Wiederholungen. (2)   **1** P.
- ❺ Sie verwenden Fachwörter und treffende Wörter. (2)   **1** P.
- ❻ Ihre Satzanfänge sind passend und überlegt gewählt. (2)   **1** P.
- ❼ Sie sind im grammatikalischen Bereich ziemlich sicher. (2)   **1** P.
- ❽ Sie sind rechtschreibsicher. (2)   **-** P.

Ihre Inhaltsangabe hat folgende sprachlichen Mängel:

O *falsche Zeitstufe (G)*	O *oft*	O *manchmal*
⊗ *Satzbau, Ausdruck (A)*	O *häufig*	⊗ *manchmal*
O *Wiederholungen (A)*	O *häufig*	O *manchmal*
⊗ *grammatikalische Fehler (G)*	O *oft*	⊗ *manchmal*
⊗ *rechtschriftliche Probleme (R)*	⊗ *häufig*	O *manchmal*

Erreichte Punktzahl:

24 von 36 P.

Note: **3**

Hinweise: Bei durchgehend falscher Zeitstufe sollte mindestens eine Notenstufe in Abzug gebracht werden. Eine Themaverfehlung ist mit der Note 6 zu bewerten.

✌ 36 - 33 = 1; ☺ 32,5 - 28 = 2; ☺ 27,5 - 22 = 3; ☻ 21,5 - 16 = 4; ☹ 15,5 - 9 = 5; ✸ 8,5 - 0 = 6

Ich werde jetzt den Begriff „Eigeninitiative"
definieren. Eigeninitiative bedeutet, dass man etwas
selbst in die Hand nimmt und überlegt wie man irgend-
wo wieder raus kommt. Das Thema, dass ich anschließend näher erklären möchte hat mit Problemen Lösen
und Eigeninitiative zutun.

Mein erstes Argument, dass man vor Problemen
flieht ist, dass es überhaupt nichts bringt. Jemand
ist Alkoholabhäng und gesteht sich das nicht ein,
obwohl alle Freunde, Bekannte und Verwandte es schon
gemerkt haben dass er/sie eine Alkoholsucht hat will
er nicht in eine Therapie gehen. Doch früh oder später
holt es ihn ein, denn sein Körper macht nicht mehr mit
und da ist es aber meistens schon zuspät.

Genauso ist es, wenn man in der Schule sich nicht
darum kümmert, dass man gute Noten schreibt, obwohl
man ganz genau weiß, dass man   vor diesen Problemen nicht weglaufen kann. Die Folge ist dann,
dass du immer schlechter wirst.

Ein anderer Punkt ist, wenn man die Lösung Problemlösungen
dem Zufall überläßt, kann das zu Katastrophen
führen. Wenn man in der Arbeit Probleme hat,
die man einfach weiter bestehen lässt, kann das sehr,
sehr schnell zur Arbeitslosigkeit kommen. Das gleiche
gilt, wenn man überhaupt nichts unternimmt. Ein
Bekannter von mir hatte Probleme in der Arbeit er hatte
sich einfach gehen lassen und nichts unternommen, seine
Eltern haben ihn immer angespornt etwas zu unternehmen.
Er hatte aber trotzdem nichts gemacht. Und dann kam

R/A	1 Wiederholung!
R/G	
A	2 Umformulieren! Genaue Themafrage!
A	
R	
R/A	3 Umformulieren!
R	
A	4 Doppelt argumentiert!
A	
G/A	5 Bezugfehler!
R	6 Beispiel fehlt!
	7 Beispiel fehlt!
A	
A	
A	8 Doppelt argumentiert!
	9 Welche?
R/A	10 Wiederholung!
	11 Zeitstufe!
G/A	12 Allerweltswort!

ein paar Wochen später die Kündigung . Jetzt ist
er arbeitslos und liegt den Eltern auf der Tasche.
Man kann aber auch Eigeninitiative entwickeln **R**
um aus diesem Schlamassel wieder rauszukommen **A**
In der Schule,(14) wenn man von Schülern erpresst **A**
wird ,sollte man ohne zu zögern zu den Lehrern **R**
oder zur Polizei gehen. Man sollte sich dafür nicht
schämen, ganz und gar nicht , es ist eher mutig.
Das gleiche gilt auch für Drogenprobleme (15) es ist **A**
besser wenn man gleich zur Beratungsstelle geht und **R**
eine Therapie macht.
Wenn man in der Schule z.B. in Mathematik nichts
kapiert,(16) dann muss man entweder solange büffeln oder **A**
dazu noch einen Nachhilfelehrer oder Freunde fragen **R**
ob sie mir Nachhilfe geben. In der 6. Klasse kapierte **A**
ich in Mathe nicht alles und hockte mich auf meinen **A**
„Hosenboden" und dann (17) hatte ich es doch geschafft dass **R/G**
ich meine Note verbesserte und in die 4- Klasse ge- **G**
kommen bin.
Abschließend möchte ich sagen, dass ich persönlich
dafür bin ,dass man sich selber am Riemen packt (18) **A**
und Eigeninitiative entwickelt. Ich möchte nämlich
nicht durch die Prüfungen fallen oder später
keine Arbeit haben nur weil ich vor Probleme weg- **R/G**
laufe oder so ähnlich. Natürlich helfen dabei die El- **A/R**
tern zumindest bei mir sehr mit.

14 Satz-
stellung!

15 Neuer
Satz!

16 Umgangs-
sprache!

17 Zeitstufe:
Perfekt!

18 Anderes
Wort!

| **D** | **Thema:** Vor Problemen fliehen/dem Zufall überlassen/Eigeninitiative | **Name:** Ulrike S. (M 9) | |

Bewertungsblatt: Erörterung

I. Inhaltlicher Aspekt:

❶ Gliederung:

• Ihre Gliederung ist sauber und übersichtlich gestaltet. (2)   __1__ P.

Folgende Mängel sind festzustellen:
-     ⊗ *Die Gliederung ist lückenhaft oder fehlt ganz.*
-     O *Sie stimmt mit der Reihenfolge der Ausarbeitung nicht überein.*

❷ Einleitung:

• Ihre Einleitung führt gekonnt zum Thema hin. Der Umfang ist angemessen. (2)   __0,5__ P.

Ihre Einleitung weist folgende Mängel auf:
- O *Sie ist zu lang.*   ⊗ *Sie ist zu kurz oder fehlt ganz.*   ⊗ *Die Themafrage fehlt.*
- O *Sie nimmt Informationen vorweg, die zum Hauptteil gehören.*
- O *Sie hat mit dem Thema kaum etwas oder gar nichts zu tun.*

❸ Hauptteil:

• Sie haben eine ausreichende Zahl an Argumenten vorgebracht. (4)   __3__ P.

• Sie haben das Argumentationsschema (These - Argument - Beispiel) konsequent eingehalten. (8)   __4__ P.

Mängel: Ihr Hauptteil ist inhaltlich nicht ganz richtig, weil
- O *Sie das Thema überhaupt nicht erfasst haben.*
- O *Sie den Erörterungstyp nicht erkannt haben.*
- ⊗ *von Ihnen zu wenig Argumente angeführt werden.*
- ⊗ *Sie das Argumentationsschema nicht eingehalten oder durchgehalten haben.*
- O *Ihre Argumentation nicht der Reihenfolge in Ihrer Gliederung entspricht.*
- ⊗ *Beispiele fehlen.*
- O *Sie mit Einzelfällen anstatt mit objektiven Quellen argumentieren.*
- O *von Ihnen Pauschalurteile gefällt werden.*

❹ Schluss:

• Ihr Schluss rundet das Thema passend ab. Der Umfang ist angemessen. (2)   __1__ P.

Ihr Schluss weist folgende Mängel auf:
- O *Er ist zu lang.*   ⊗ *Er ist zu kurz oder fehlt ganz.*
- O *Er besitzt Informationen, die zum Hauptteil gehören.*
- O *Er lässt die Meinung des Verfassers unberücksichtigt.*

II. Sprachlicher Aspekt:

❶ Sie schreiben durchgehend knapp und in der richtigen Zeitstufe, im Präsens. (3)   __2__ P.
❷ Ihr Satzbau einschließlich verwendeter Konjunktionen ist anspruchsvoll. (3)   __1__ P.
❸ Sie vermeiden gedankliche Sprünge. (2)   __1__ P.
❹ Sie vermeiden Wiederholungen. (2)   __1__ P.
❺ Sie verwenden Fachwörter und treffende Wörter. (2)   __1__ P.
❻ Ihre Satzanfänge sind passend und überlegt gewählt. (2)   __1__ P.
❼ Sie sind im grammatikalischen Bereich ziemlich sicher. (2)   __-__ P.
❽ Sie sind rechtschreibsicher. (2)   __1__ P.

Ihre Inhaltsangabe hat folgende sprachlichen Mängel:

⊗ *falsche Zeitstufe (G)*	O *oft*	⊗ *manchmal*
⊗ *Satzbau, Ausdruck (A)*	O *häufig*	⊗ *manchmal*
⊗ *Wiederholungen (A)*	O *häufig*	⊗ *manchmal*
⊗ *grammatikalische Fehler (G)*	⊗ *oft*	O *manchmal*
⊗ *rechtschriftliche Probleme (R)*	O *häufig*	⊗ *manchmal*

Erreichte Punktzahl:

17,5 von 36 P.

Note: **4**

Hinweise: Bei durchgehend falscher Zeitstufe sollte mindestens eine Notenstufe in Abzug gebracht werden. Eine Themaverfehlung ist mit der Note 6 zu bewerten.

✌ 36 - 33 = 1; ☺ 32,5 - 28 = 2; 🙂 27,5 - 22 = 3; 😐 21,5 - 16 = 4; ☹ 15,5 - 9 = 5; 💣 8,5 - 0 = 6

D

Merkblatt: Interpretation literarischer Texte

Poetische Texte sind in ungebundener (Prosa) oder in gebundener Sprache (Lyrik) abgefasst.

❶ Aufbau und Inhalt:

① Textarbeit mit Vorgabe genauer Fragen:

• Die erste Frage bezieht sich fast immer auf den **Inhalt** des Textes. Sie müssen entweder Überschriften zu Abschnitten finden oder den Inhalt kurz zusammenfassen.

• Die nächste Frage verlangt von Ihnen nur konzentrierte **Sucharbeit** im Text. Sie müssen z. B. Gründe für den zunehmenden Alkoholkonsum aus dem Text herausschreiben. Achten Sie darauf, ob Sie in **Stichpunkten** oder in **ganzen Sätzen** antworten müssen.

• Eine weitere Frage ist oft mit einem **Schlüsselbegriff** oder einer **wichtigen Aussage** im Text verbunden. Sie müssen dazu kurz Stellung nehmen.

• Mitunter zielt eine Frage auf das Verständnis von **Fremdwörtern** ab. Eine Möglichkeit ist, dass Sie Fremdwörter ins Deutsche übersetzen müssen oder umgekehrt. Es kann aber auch sein, dass Sie Fremdwörter aus dem Text heraussuchen und den vorgegebenen deutschen Begriffen richtig zuordnen müssen.

• Fast in jeder Textarbeit wird nach dem Verständnis von **Sprachbildern** und **Redensarten** gefragt. Sie werden aufgefordert, diese näher zu erklären, wobei Sie neben der ursprünglichen vor allem die übertragene Bedeutung wissen sollten.

• In weiteren Fragen wird überprüft, wie gut Sie sich in den verschiedenen Aufsatzformen ausdrücken können. Vielleicht müssen Sie einen **Bericht** anfertigen, einen **persönlichen Brief** schreiben, einen **Aufruf (Appell)** mit einer zündenden Überschrift verfassen, einen **Leserbrief** an einen Adressaten richten, eine **begründende Stellungnahme** oder gar eine **Erörterung** zu einer Thematik schreiben.

② Textanalyse in Form einer Erörterung:

• **Einleitung:**

_____

_____

• **Hauptteil:**

_____

_____

_____

• **Schluss:**

_____

❷ Sprache:

① Die Zeitstufe der Textarbeit ist im Regelfall die _____ (_____).

② Die Sprache sollte _____, _____ und _____ sein.

③ Eine wörtliche Wiedergabe von Textstellen sollte als _____ in Anführungszeichen gesetzt werden.

④ Verwende _____ und abwechslungsreiche _____.

❸ Planungsschritte:

① Lesen Sie den Text genau durch. Stellen Sie die **Art der Textarbeit** fest.

② Ist eine **Erörterung** verlangt, gehen nach Aspekten dieser Aufsatzart vor.

③ Ist ein **Fragenkatalog** vorgegeben, unterstreichen Sie wichtige Stellen und Schlüsselbegriffe im Text.

④ Beantworten Sie die Fragen möglichst der Reihe nach.

⑤ Lesen Sie Ihre Textarbeit genau durch und überprüfen Sie nach der Rechtschreibung.

D	

Merkblatt: Interpretation literarischer Texte (Lösung)

Poetische Texte sind in ungebundener (Prosa) oder in gebundener Sprache (Lyrik) abgefasst.

❶ Aufbau und Inhalt:

① Textarbeit mit Vorgabe genauer Fragen:

• Die erste Frage bezieht sich fast immer auf den **Inhalt** des Textes. Sie müssen entweder Überschriften zu Abschnitten finden oder den Inhalt kurz zusammenfassen.

• Die nächste Frage verlangt von Ihnen nur konzentrierte **Sucharbeit** im Text. Sie müssen z. B. Gründe für den zunehmenden Alkoholkonsum aus dem Text herausschreiben. Achten Sie darauf, ob Sie in **Stichpunkten** oder in **ganzen Sätzen** antworten müssen.

• Eine weitere Frage ist oft mit einem **Schlüsselbegriff** oder einer **wichtigen Aussage** im Text verbunden. Sie müssen dazu kurz Stellung nehmen.

• Mitunter zielt eine Frage auf das Verständnis von **Fremdwörtern** ab. Eine Möglichkeit ist, dass Sie Fremdwörter ins Deutsche übersetzen müssen oder umgekehrt. Es kann aber auch sein, dass Sie Fremdwörter aus dem Text heraussuchen und den vorgegebenen deutschen Begriffen richtig zuordnen müssen.

• Fast in jeder Textarbeit wird nach dem Verständnis von **Sprachbildern** und **Redensarten** gefragt. Sie werden aufgefordert, diese näher zu erklären, wobei Sie neben der ursprünglichen vor allem die übertragene Bedeutung wissen sollten.

• In weiteren Fragen wird überprüft, wie gut Sie sich in den verschiedenen Aufsatzformen ausdrücken können. Vielleicht müssen Sie einen **Bericht** anfertigen, einen **persönlichen Brief** schreiben, einen **Aufruf (Appell)** mit einer zündenden Überschrift verfassen, einen **Leserbrief** an einen Adressaten richten, eine **begründende Stellungnahme** oder gar eine **Erörterung** zu einer Thematik schreiben.

② Textanalyse in Form einer Erörterung:

• **Einleitung:**

Autor, Titel, Entstehungszeit des Textes, Schreibanlass, Textgattung (z. B. Kurzgeschichte, Erzählung, Satire, Parabel u. a.) und ihre Merkmale, Thema

• **Hauptteil:**

Sinnabschnitte, Inhaltswiedergabe, Erzählperspektive (auktorial, personal mit Sonderform des inneren Monologes), Ort und Zeit der Handlung, Erzählform, Personen, Sprache, Bezug zur Wirklichkeit, Bezug zum Titel, Absicht des Autors

• **Schluss:**

Wirkung auf den Leser, Gegenwartsbezug, persönliche Stellungnahme

❷ Sprache:

① Die Zeitstufe der Textarbeit ist im Regelfall die **Gegenwart** (**Präsens**).

② Die Sprache sollte **sachlich**, **knapp** und **objektiv** sein.

③ Eine wörtliche Wiedergabe von Textstellen sollte als **Zitat** in Anführungszeichen gesetzt werden.

④ Verwende **Fachausdrücke** und abwechslungsreiche **Konjunktionen**.

❸ Planungsschritte:

① Lesen Sie den Text genau durch. Stellen Sie die **Art der Textarbeit** fest.

② Ist eine **Erörterung** verlangt, gehen nach Aspekten dieser Aufsatzart vor.

③ Ist ein **Fragenkatalog** vorgegeben, unterstreichen Sie wichtige Stellen und Schlüsselbegriffe im Text.

④ Beantworten Sie die Fragen möglichst der Reihe nach.

⑤ Lesen Sie Ihre Textarbeit genau durch und überprüfen Sie nach der Rechtschreibung.

D | **Thema:**   **Name:**

Bewertungsblatt: Interpretation literarischer Texte

Aufgliederung in einzelne Fragen:

Inhalt / Sprache

• Frage 1: _____

_____

Aufgliederung Punkte: I _____ / S _____   Erreicht: **I** _____ P. / **S** _____ P.

• Frage 2: _____

_____

Aufgliederung Punkte: I _____ / S _____   Erreicht: **I** _____ P. / **S** _____ P.

• Frage 3: _____

_____

Aufgliederung Punkte: I _____ / S _____   Erreicht: **I** _____ P. / **S** _____ P.

• Frage 4: _____

_____

Aufgliederung Punkte: I _____ / S _____   Erreicht: **I** _____ P. / **S** _____ P.

• Frage 5: _____

_____

Aufgliederung Punkte: I _____ / S _____   Erreicht: **I** _____ P. / **S** _____ P.

• Frage 6: _____

_____

Aufgliederung Punkte: I _____ / S _____   Erreicht: **I** _____ P. / **S** _____ P.

• Frage 7: _____

_____

Aufgliederung Punkte: I _____ / S _____   Erreicht: **I** _____ P. / **S** _____ P.

• Frage 8: _____

_____

Aufgliederung Punkte: I _____ / S _____   Erreicht: **I** _____ P. / **S** _____ P.

Erreichte Punktzahl: | _____ von 36 P.   Note:

✌ 36 - 33 = 1; ☺ 32,5 - 28 = 2; ☺ 27,5 - 22 = 3; ☻ 21,5 - 16 = 4; ☹ 15,5 - 9 = 5; ☀ 8,5 - 0 = 6

In einem Hafen, an einer westlichen Küste Europas liegt ein ärmlich gekleideter Mann in seinem Fischerboot und döst. Ein schick angezogener Tourist legt eben einen neuen Farbfilm in seinen Fotoapparat, um das idyllische Bild zu fotografieren: blauer Himmel, grüne See mit friedlichen, schneeweißen Wellenkämmen, schwarzes Boot, rote Fischermütze. Klick. Noch einmal: klick, und da aller guten Dinge drei sind, und sicher sicher ist, ein drittes Mal: klick. Das
5 spröde, fast feindselige Geräusch weckt den dösenden Fischer, der sich schläfrig aufrichtet, schläfrig nach seiner Zigarettenschachtel angelt, aber bevor er das Gesuchte gefunden, hat ihm der eifrige Tourist schon eine Schachtel vor die Nase gehalten, ihm die Zigarette nicht gerade in den Mund gesteckt, aber in die Hand gelegt, und ein viertes Klick, das des Feuerzeuges, schließt die eilfertige Höflichkeit ab. Durch jenes kaum messbare, nie nachweisbare Zuviel an flinker Höflichkeit ist eine gereizte Verlegenheit entstanden, die der Tourist – der Landessprache mächtig
10 – durch ein Gespräch zu überbrücken versucht.
„Sie werden heute einen guten Fang machen." Kopfschütteln des Fischers. „Aber man hat mir gesagt, dass das Wetter günstig ist." Kopfnicken des Fischers. „Sie werden also nicht ausfahren?" Kopfschütteln des Fischers, steigende Nervosität des Touristen. Gewiss liegt ihm das Wohl des ärmlich gekleideten Menschen am Herzen, nagt an ihm die Trauer über die verpasste Gelegenheit.
15 „Oh? Sie fühlen sich nicht wohl?" Endlich geht der Fischer von der Zeichensprache zum wahrhaft gesprochenen Wort über. „Ich fühle mich großartig", sagt er. „Ich habe mich nie besser gefühlt."
Er steht auf, reckt sich, als wollte er demonstrieren, wie athletisch er gebaut ist. „Ich fühle mich fantastisch." Der Gesichtsausdruck des Touristen wird immer unglücklicher, er kann die Frage nicht mehr unterdrücken, die ihn sozusagen das Herz zu sprengen droht: „Aber warum fahren Sie dann nicht aus?"
20 Die Antwort kommt prompt und knapp. „Weil ich heute morgen schon ausgefahren bin." „War der Fang gut?"
„Es war so gut, dass ich nicht noch einmal auszufahren brauche, ich habe vier Hummer in meinen Körben gehabt, fast zwei Dutzend Makrelen gefangen." Der Fischer, endlich erwacht, taut jetzt auf und klopft dem Touristen beruhigend auf die Schultern. Dessen besorgter Gesichtsausdruck erscheint ihm als ein Ausdruck zwar unangebrachter, doch rührender Kümmernis. „Ich habe sogar für morgen und übermorgen genug", sagt er, um des Fremden Seele zu
25 erleichtern. „Rauchen Sie eine von meinen?" – „Ja, danke." Zigaretten werden in Münder gesteckt, ein fünftes Klick, der Fremde setzt sich kopfschüttelnd auf den Bootsrand, legt die Kamera aus der Hand, denn er braucht jetzt beide Hände, um seiner Rede Nachdruck zu verleihen.
„Ich will mich ja nicht in Ihre persönlichen Angelegenheiten mischen", sagt er, „aber stellen Sie sich mal vor, Sie führen heute ein zweites, ein drittes, vielleicht sogar ein viertes Mal aus, und Sie würden drei, vier, fünf, vielleicht
30 gar zehn Dutzend Makrelen fangen... stellen Sie sich das mal vor." Der Fischer nickt.
„Sie würden", fährt der Tourist fort, „nicht nur heute, sondern morgen, übermorgen, ja, an jedem günstigen Tag zwei-, dreimal, vielleicht viermal ausfahren – wissen Sie, was geschehen würde?" Der Fischer schüttelt den Kopf.
„Sie würden sich in spätestens einem Jahr einen Motor kaufen können, in zwei Jahren ein zweites Boot, in drei Jahren könnten Sie vielleicht einen kleinen Kutter haben, mit zwei Booten oder dem Kutter würden Sie natürlich viel
35 mehr fangen – eines Tages würden Sie zwei Kutter haben, Sie würden...", die Begeisterung verschlägt ihm für ein paar Augenblicke die Stimme, „Sie würden ein kleines Kühlhaus bauen, vielleicht eine Räucherei, später eine Marinadenfabrik, mit einem eigenen Hubschrauber rundfliegen, die Fischschwärme ausmachen und ihren Kuttern per Funk Anweisung geben, Sie könnten die Lachsrechte erwerben, ein Fischrestaurant eröffnen, den Hummer ohne Zwischenhändler direkt nach Paris exportieren – und dann...", – wieder verschlägt die Begeisterung dem Fremden die
40 Sprache. Kopfschüttelnd, im tiefsten Herzen betrübt, seiner Urlaubsfreude schon fast verlustig, blickt er auf die friedlich hereinrollende Flut, in der die ungefangenen Fische munter springen. „Und dann", sagt er, aber wieder verschlägt ihm die Erregung die Sprache. Der Fischer klopft ihm auf den Rücken, wie einem Kind, das sich verschluckt hat. „Was dann?", fragt er leise. „Dann", sagt der Fremde mit stiller Begeisterung, dann könnten Sie beruhigt hier im Hafen sitzen, in der Sonne dösen – und auf das herrliche Meer blicken." „Aber das tu ich ja schon
45 jetzt", sagt der Fischer, „ich sitze beruhigt am Hafen und döse, nur Ihr Klicken hat mich dabei gestört."
Tatsächlich zog der solcherlei belehrte Tourist nachdenklich von dannen, denn früher hatte er auch einmal geglaubt, er arbeite, um eines Tages einmal nicht mehr arbeiten zu müssen, und es blieb keine Spur von Mitleid mit dem ärmlich gekleideten Fischer in ihm zurück, nur ein wenig Neid.

Aus: Heinrich Böll. Werke, Bd. 3
© 1977, 1987 by Verlag Kiepenheuer & Witsch, Köln

D

Interpretation literarischer Texte

Textarbeit:
Anekdote zur Senkung der Arbeitsmoral
(Heinrich Böll)

Arbeitsaufträge

❶ a) Notieren Sie eine aussagekräftige Überschrift.   1

b) Fassen Sie den Inhalt in wenigen Sätzen zusammen.   4

c) Im ersten und letzten Satz wird die ärmliche Kleidung des Fischers erwähnt.   1
   Mit welcher Absicht hat Böll das wohl getan?

d) Begründen Sie knapp, warum der Tourist dem Fischer gegenüber „ein wenig Neid"   2
   empfindet.

❷ Das Auslösen des Fotoapparates wird als „sprödes, fast feindseliges Geräusch"   2
bezeichnet. Erklären Sie diese Beschreibung.

❸ Der Tourist kann die Frage nicht mehr unterdrücken, die ihm sozusagen „das Herz   2
zu sprengen droht". Was meint Böll mit diesem Sprachbild?

❹ Der Autor stellt die beiden Personen immer gegenüber. Notieren Sie stichpunktartig   4
passende, charakterisierende Adjektive in Bezug auf das Verhalten allgemein und die
Einstellung zur Arbeit.

❺ Es heißt, dass der Tourist nachdenklich von dannen zieht. Schreiben Sie in der Ich-Form   4
Gedanken auf, die er nach dieser Begegnung haben könnte.

❻ „Er arbeite, um eines Tages nicht mehr arbeiten zu müssen." Es gibt andere Gründe,   6
warum Menschen arbeiten. Finden Sie drei begründete Antworten auf die Frage, warum
Sie nach der Schule eine Ausbildung beginnen.

❼ Arbeit ist ein notwendiger Teil des menschlichen Lebens. Erläutern Sie diese Aussage   10
und nehmen Sie dazu Stellung.
                                                                                         ——
                                                                                          36

4. Probearbeit aus
dem Deutschen
(schriftsprachlicher Ausdruck)

Palm
Evelyn
M10a

zu 1)

a) Man soll nicht für die Arbeit leben

1/–

b) Der in seinem Boot dösende Fischer , wird
durch das Klicken einer Kamera geweckt.
Daraufhin kommt er ins Gespräch mit einem
Touristen , der ihm vorschwärmt , wie er als
Fischer ein angenehmeres Leben führen würde ,
wenn er seinen Arbeitstag anders gestalten
würde. Das Gespräch endet damit , dass die
gegenwärtige Situation als Schluss eines , für
den Touristen scheinbar perfekten , Arbeitsleben
darstellt.

R

2/1

A Satzbau?

G

c) Er kritisiert das Vorurteil , dass Uk/reicher, Leute
machen. Der Fischer hat ein Leben ohne Gehalts
und arbeitet nur, um das notwendigste zu besitzen
und nicht um reich zu werden ↑ Was der Tourist
anfangs nicht begreift , da für ihn Arbeit und
Geld das ganze Leben sind.

R

R

R/A Satz un-
vollstän-
dig!

1/–

d) Dem Tourist fällt es schwer sich vom Luxusden-
ken und vom angestrebten Ruhm zu lösen. Er
beneidet den Fischer , weil er weder Luxus noch

R

1/0,5

Anerkennung braucht, um glücklich zu sein. Auch | R

erkennt der Tourist zum Ende des Dialogs hin, |

dass der Fischer alles, was er ① über jahrelange | R/G — **1** Bezug-fehler!

Arbeit erreichen ~~wollen~~ würde, jetzt hat und mit | R/A

seinem gegenwärtigen Leben zufrieden ist. | R

---

zu 2)

Der Ausdruck „spröders, fast feindseliges Ge-

räusch", bringt im Text das für den Fischer

überflüssige und zugleich nervtötendes Geräusch | G

des Fotoapparates hervor. Im ~~ursprünglichen~~ ② | R — **2** Unklar!

Sinne bedeutet es jedoch, ein raues, das heißt | R

vom Klang her unangenehmes Geräusch↑, die | A — (0,5/0,5)

Wortwahl : „fast feindselig" lässt darauf

schließen, dass/man nichts gegen diesen Laut | R

unternehmen kann. ↑ ③ | — **3** Kann man schon!

---

zu 3)

Dem Touristen, dem im Text „das Herz zu sprengen | G/R

droht", quält die Neugierde, die er nicht länger | R

Unterdrücken kann, schließlich, seinem Willen | R

nachgebig, stellt er die ihm auf der Zunge | R

brennende Frage. Die übertragene Bedeutung |

könnte einerseits sein, dass e↑ trauriges, | R — (0,5/0,5)

schönes, Nervenaufreibendes oder seltsames geschied, | R

Das dem Menschen, dem es widerfährt, entweder | A

ein Gefühl der Unwissenheit, Freude, Trauer oder

Angst vermittelt. Er muss sich aussprechen oder

etwas anderes tun, um sich Luft zu verschaffen. | R

zu 4)

	Fischer	Tourist	
Verhalten:	zurückhaltend, ruhig	aufdringlich, freundlich, hilfsbereit, voreilig	
Einstellung zur Arbeit:	Arbeitet um zu überleben; genießt das Leben; ist nicht auf Luxus oder Ruhm angewiesen.	Arbeit ist das ganze Leben; Arbeitet nur oder ausschließlich um Luxusgüter und Ruhm zu erwerben.	R R R R R

zu 5)

... er ist schon irgendwie zu beneiden, er hat alles was er braucht auch ohne viel Arbeit. R

Aber ist er wirklich glücklich, bin ich wirklich glücklich mit meinem Leben? Mache ich nicht genau das falsch, was ich ihm gerade versucht habe zu erklären das es das richtige sei? Lebe R ich denn wirklich nur um zu Arbeiten für Luxus R und Geld? Was bringt mir dieses Leben und kann ich es noch ändern? Sind heute nicht die R meisten Menschen auf Wohlstand aus und bleibt das eigentliche Leben dabei nicht auf der Strecke? R Ach, was mach ich mir überhaupt gedanken, ich R bin glücklich, verlebe einen tollen Urlaub und in vier Tagen fahre ich wieder nach Hause. Auß- R

ordem möchte ich nicht †so schäbigen Klamotten | A | **4** Präposition fehlt!
rumlaufen wie dieser Fischer. Und überhaupt, | A
wäre das kein Leben für mich...

zu 6)

Warum ich eine Ausbildung beginne, möchte
ich an drei Beispielen erläutern.
Der für mich wichtigste Punkt ist, Geld zu ver-
dienen. Ich würde gerne einmal nach Kanada
fahren und möchte sonst noch viel von der
Welt sehen und das kann teuer werden † also | A
wähle ich eine fundierte Ausbildung aufder | R
ich später viel machen kann. Mein zweites | A | **5** Allerwelts-wort!
Argument für eine Ausbildung nach der Schule
ist die damit verbundene Unabhängigkeit. Wer später | R | ③/②
einmal arbeitet kann von Zuhause ausziehen oder | R
sich ein Auto kaufen † beide Beispiele sind für | A
mich ein Zeichen von Unabhängigkeit. Nach der | R
Schule eine Ausbildung beginnen, heißt für
mich auch mehr Verantwortung über_nehmen | R
und erwachsen werden. Ich muss für meine
Fehler selbst geradestehen, wenn ich ins
Berufleben einsteige. Mit der Berufswahl
wächst auch die Verantwortung für mich
andere Mitarbeiter

zu 7)

Dass Arbeit ein notwendiger Teil des mensch- | R
lichen Lebens ist, möchte ich erläutern

und dazu Stellungen nehmen. A

Ich stimme dieser Aussage zu, da Arbeit hier

als notwendig Teil und nicht als Priorität darge- A

stellt wird. Der erste und vielleicht wichtigste

Punkt warum wir arbeiten ist, dass wir das R

Geld brauch um zu leben. Ein eigenes Auto zu A/R

besitzen, ein Haus zu bauen, in der Urlaub

zu fahren, das sind alles Dinge, die man R

ohne Geld nicht verwirklichen kann und das

macht Arbeit notwendig. Das Arbeiten in Industrie R

oder Handel ist wichtig für die Marktwirtschaft. R

Ohne die Produktion von Gütern wie z.B. Autos

gäbe es keinen In- und Export. Was für uns A

manche Sachen nicht erwerblich machen würde. A
_(6)_ _(7)_ _(8)_

Ein weiteres Argument, warum Arbeit ein notwen-

diger Teil des menschlichen Lebens ist, ist der

Gesellschaftliche Standpunkt, der dadurch ver- R/A

mittelt wird. So hat jemand der arbeitet, mehr A/R
_(9)_

zu sagen bzw. ist ernster zu nehmen, als jemand R

der nicht arbeiten geht, obwohl er könnte. Die

mittlere Gesellschaftsschicht in Deutschland wird

und die Politik im Lande in den nächsten Jahren G
_(10)_

fast ausgelöscht werden und es gibt einen A

arm/reich Staat, die kann nur verhindert R/A

werden, indem die Menschen arbeiten gehen,

um ihren Lebensstand zu halten. Viele Eltern

gehen arbeiten, ihren Kindern ein schönes Leben A
_(11)_ _(12)_

zu ermöglichen. Zum Geburtstag oder zu Weih-

nachten ein neues Handy bekommen oder die

6 Allerwelts-wort!

7 Anderes Wort!

8 Allerwelts-wort!

_(5/3)_

9 Neu formulieren!

10 Andere Präposition!

11 Wieder-holung!

12 Konjunk-tion fehlt!

neueste CD, ist nur machbar wenn die Eltern ... R

arbeiten gehen. Der Begriff „Arbeit" ist auch im ...

Haushalt zu beachten, den Wäsche waschen, kochen, R

putzen und bügeln ist auch Arbeit die unver-⑬ R

zichtbar ist. Natürlich würde es auch ohne Arbeit A

gehen, doch bin ich der Meinung, dass man

im Leben etwas verpasst, wenn man nicht arbeitet.

Den Arbeit gibt es auf viele Weisen und kann auch R

eine Herausforderung sein.

13 Um-
formulieren!

D	**Thema:** Anekdote zur Senkung der Arbeitsmoral (H. Böll)	**Name:** Evelyn P. (M 10a)	

Bewertungsblatt: Interpretation literarischer Texte

Aufgliederung in einzelne Fragen:

Inhalt / Sprache

- **Frage 1:** a) Überschrift (1/—) b) Inhaltswiedergabe (2/2)
  c) Erklärung (1/—) d) Begründung „Neid" (1/1)
  Aufgliederung Punkte: I __5__ / S __3__   Erreicht: I __5__ P. / S __1,5__ P.

- **Frage 2:** Erklärung „sprödes, fast feindseliges Geräusch"
  Aufgliederung Punkte: I __1__ / S __1__   Erreicht: I __0,5__ P. / S __0,5__ P.

- **Frage 3:** Sprachbild „das Herz zu sprengen droht"; 0,5 P.
  für ursprüngl., 0,5 P. für übertragene Bedeutung
  Aufgliederung Punkte: I __1__ / S __1__   Erreicht: I __0,5__ P. / S __0,5__ P.

- **Frage 4:** Je 4 chakteristische Eigenschaften der beiden
  Personen in Stichpunkten
  Aufgliederung Punkte: I __2__ / S __2__   Erreicht: I __2__ P. / S __2__ P.

- **Frage 5:** Innerer Monolog in der Ich-Form
  Aufgliederung Punkte: I __2__ / S __2__   Erreicht: I __2__ P. / S __1__ P.

- **Frage 6:** Herausfinden von drei Gründen, warum Sie *nach der Schule* eine Ausbildung beginnen
  Aufgliederung Punkte: I __3__ / S __3__   Erreicht: I __3__ P. / S __2__ P.

- **Frage 7:** Thema *dialektisch* oder *steigernd* aufgebaut sein
  4 Argumente (4 P.), Einleitungssatz (1 P.)
  Aufgliederung Punkte: I __5__ / S __5__   Erreicht: I __5__ P. / S __3__ P.

- **Frage 8:** entfällt
  Aufgliederung Punkte: I __—__ / S __—__   Erreicht: I __—__ P. / S __—__ P.

Erreichte Punktzahl: __28,5__ von 36 P.   Note: **2**

✌ 36 - 33 = 1; ☺ 32,5 - 28 = 2; ☺ 27,5 - 22 = 3; 😐 21,5 - 16 = 4; 😟 15,5 - 9 = 5; 💣 8,5 - 0 = 6

D	

Merkblatt: Interpretation von Sachtexten

Zu Sachtexten zählen folgende Textsorten:
- **informative Texte**, die über einen Sachverhalt berichten (z. B. Bericht, Nachricht, Inhaltsangabe)
- **kommentierende Texte**, die überzeugen wollen (z. B. Erörterung, Essay, Kommentar, Leserbrief)
- **appellative Texte**, die überreden wollen (z. B. Werbetext, politische Wahlrede)
- **normative Texte**, die Allgemeingültigkeit beanspruchen (z. B. Gesetze, Verträge, Verordnungen)

❶ Aufbau und Inhalt:

① **Textarbeit mit Vorgabe genauer Fragen:**
Die Fragestellung ist ähnlich aufgebaut wie bei der Interpretation literarischer Texte.

② **Textanalyse in Form einer Erörterung:**

- **Einleitung (Basissatz):**
Der Einleitungssatz sollte die **zentrale Aussage** des Textes erfassen. Dazu gehört auch das Erkennen der **Textsorte**. Dabei sollten Sie einen Hinweis auf die **Textquelle** wie z. B. Name der Zeitschrift, Erscheinungsdatum und Autor geben.

- **Textwiedergabe:**
Es wird von Ihnen entweder eine _____ oder eine thesenartige _____ verlangt. Dabei sollten Sie bei der Kürzung des Textes zwar den _____ beibehalten, sich aber dennoch deutlich von der Textvorgabe lösen können. Wörtlich übernommene Textstellen müssen Sie als _____ kennzeichnen. Eine Textwiedergabe sollte die Hauptgedanken des Autors so darstellen, dass die _____ der Argumente verdeutlicht wird und der gegenseitige _____ zwischen den einzelnen Argumenten hergestellt ist.

- **Textbeschreibung:**
☞ Untersuchen Sie, wenn nötig, zuerst die _____ Gestaltung des Textes (Art der Überschrift, Zwischenüberschriften, Schrifttypen, Gliederung in Absätze, Verhältnis von Bild und Text).
☞ Untersuchen Sie dann den _____ des Textes. Zergliedern Sie ihn in _____. Zeigen Sie die Argumentationsweise (These, Begründung, Beleg) des Autors und seinen Umgang mit Gegenmeinungen auf. Finden Sie danach die _____ des Autors, seine Anschauungen und Wertungen heraus. Beziehen sich auch das _____ Umfeld mit ein, in welchem der Verfasser lebt(e).
☞ Die Untersuchung der _____ Merkmale des Textes schließt sich nun an. Achten Sie auf die _____ (Schlüssel-, Schlag-, Fremd-, Modewörter und die Dominanz bestimmter Wortarten), die _____ wie lange oder kurze Sätze, Satzarten, Satzreihe (Parataxe), Satzgefüge (Hypotaxe), unvollständige Sätze (Ellipsen), Wörter mit gleichen Anlauten (Alliteration) und bewusste Wort- und Wortgruppenwiederholungen (Anaphern) und die _____ (Dialekt, Umgangssprache, Hochsprache, Fachsprache, Wissenschaftssprache, poetische Sprache).
☞ Anschließend haben Sie herauszufinden, für welche _____ der Text geschrieben wurde und welche _____ er auf den Leser hat.

- **Persönliche Stellungnahme:**
Sie schließt sich an die Textanalyse an. Nun sollten Sie Ihre **eigene Meinung** zu dem im Text behandelten Thema deutlich herausstellen.

❷ Sprache / ❸ Planungsschritte:
Sprache und Planungsschritte sind analog den Merkpunkten bei der Interpretation literarischer Texte.

D

Merkblatt: Interpretation von Sachtexten

Zu Sachtexten zählen folgende Textsorten:
- **informative Texte**, die über einen Sachverhalt berichten (z. B. Bericht, Nachricht, Inhaltsangabe)
- **kommentierende Texte**, die überzeugen wollen (z. B. Erörterung, Essay, Kommentar, Leserbrief)
- **appellative Texte**, die überreden wollen (z. B. Werbetext, politische Wahlrede)
- **normative Texte**, die Allgemeingültigkeit beanspruchen (z. B. Gesetze, Verträge, Verordnungen)

❶ Aufbau und Inhalt:

① Textarbeit mit Vorgabe genauer Fragen:
Die Fragestellung ist ähnlich aufgebaut wie bei der Interpretation literarischer Texte.

② Textanalyse in Form einer Erörterung:

- **Einleitung (Basissatz):**
Der Einleitungssatz sollte die **zentrale Aussage** des Textes erfassen. Dazu gehört auch das Erkennen der **Textsorte**. Dabei sollten Sie einen Hinweis auf die **Textquelle** wie z. B. Name der Zeitschrift, Erscheinungsdatum und Autor geben.

- **Textwiedergabe:**
Es wird von Ihnen entweder eine ___Inhaltsangabe___ oder eine thesenartige ___Zusammenfassung___ verlangt. Dabei sollten Sie bei der Kürzung des Textes zwar den ___Textstil___ beibehalten, sich aber dennoch deutlich von der Textvorgabe lösen können. Wörtlich übernommene Textstellen müssen Sie als ___Zitate___ kennzeichnen. Eine Textwiedergabe sollte die Hauptgedanken des Autors so darstellen, dass die ___Abfolge___ der Argumente verdeutlicht wird und der gegenseitige ___Bezug___ zwischen den einzelnen Argumenten hergestellt ist.

- **Textbeschreibung:**
☞ Untersuchen Sie, wenn nötig, zuerst die ___optische___ Gestaltung des Textes (Art der Überschrift, Zwischenüberschriften, Schrifttypen, Gliederung in Absätze, Verhältnis von Bild und Text).

☞ Untersuchen Sie dann den ___Aufbau___ des Textes. Zergliedern Sie ihn in ___Sinnabschnitte___. Zeigen Sie die Argumentationsweise (These, Begründung, Beleg) des Autors und seinen Umgang mit Gegenmeinungen auf. Finden Sie danach die ___Absicht___ des Autors, seine Anschauungen und Wertungen heraus. Beziehen sich auch das ___zeitliche___ Umfeld mit ein, in welchem der Verfasser lebt(e).

☞ Die Untersuchung der ___sprachlichen___ Merkmale des Textes schließt sich nun an. Achten Sie auf die ___Wortwahl___ (Schlüssel-, Schlag-, Fremd-, Modewörter und die Dominanz bestimmter Wortarten), die ___Syntax___ wie lange oder kurze Sätze, Satzarten, Satzreihe (Parataxe), Satzgefüge (Hypotaxe), unvollständige Sätze (Ellipsen), Wörter mit gleichen Anlauten (Alliteration) und bewusste Wort- und Wortgruppenwiederholungen (Anaphern) und die ___Stilebene___ (Dialekt, Umgangssprache, Hochsprache, Fachsprache, Wissenschaftssprache, poetische Sprache).

☞ Anschließend haben Sie herauszufinden, für welche ___Zielgruppe___ der Text geschrieben wurde und welche ___Wirkung___ er auf den Leser hat.

- **Persönliche Stellungnahme:**
Sie schließt sich an die Textanalyse an. Nun sollten Sie Ihre **eigene Meinung** zu dem im Text behandelten Thema deutlich herausstellen.

❷ Sprache / ❸ Planungsschritte:
Sprache und Planungsschritte sind analog den Merkpunkten bei der Interpretation literarischer Texte.

| **D** | **Thema:** | **Name:** | |

Bewertungsblatt: Interpretation von Sachtexten

Aufgliederung in einzelne Fragen:

Inhalt / Sprache

- Frage 1: _____

  _____

  Aufgliederung Punkte: I _____ / S _____   Erreicht: **I** _____ P. / **S** _____ P.

- Frage 2: _____

  _____

  Aufgliederung Punkte: I _____ / S _____   Erreicht: **I** _____ P. / **S** _____ P.

- Frage 3: _____

  _____

  Aufgliederung Punkte: I _____ / S _____   Erreicht: **I** _____ P. / **S** _____ P.

- Frage 4: _____

  _____

  Aufgliederung Punkte: I _____ / S _____   Erreicht: **I** _____ P. / **S** _____ P.

- Frage 5: _____

  _____

  Aufgliederung Punkte: I _____ / S _____   Erreicht: **I** _____ P. / **S** _____ P.

- Frage 6: _____

  _____

  Aufgliederung Punkte: I _____ / S _____   Erreicht: **I** _____ P. / **S** _____ P.

- Frage 7: _____

  _____

  Aufgliederung Punkte: I _____ / S _____   Erreicht: **I** _____ P. / **S** _____ P.

- Frage 8: _____

  _____

  Aufgliederung Punkte: I _____ / S _____   Erreicht: **I** _____ P. / **S** _____ P.

Erreichte Punktzahl: [_____ von 36 P.]   Note: [   ]

| ✌ 36 - 33 = 1; ☺ 32,5 - 28 = 2; ☺ 27,5 - 22 = 3; ☺ 21,5 - 16 = 4; ☹ 15,5 - 9 = 5; ☀ 8,5 - 0 = 6 |

Text 1:

„Ecstasy"-Konsum in Bayern steigt dramatisch
60 000 Tabletten sichergestellt – Beckstein kritisiert Holland

München (dpa) - Der Drogenkonsum hat in Deutschland weiter zugenommen und ein bedrohliches Ausmaß erreicht. Vor allem bei der synthetischen Disco-Droge „Ecstasy", die hauptsächlich von Jugendlichen genommen wird, haben sich die Zahlen dramatisch erhöht.

Auch in Bayern nimmt der Ecstasy-Konsum laut Innenminister Beckstein immer bedrohlichere Formen an. In den ersten fünf Monaten dieses Jahres seien bereits 60 000 Tabletten sichergestellt worden, fast doppelt so viel wie im gesamten Jahr zuvor. Die Zahl der erstmals aufgefallenen Konsumenten von Ecstasy und anderen Amphetaminderivaten habe mit 1780 annähernd das Ausmaß der Heroin-Einsteiger erreicht, sagte der Minister gestern. Beckstein beklagte eine „unverantwortlich lasche Haltung der Niederlande" in der Drogenpolitik. Von dort komme der Löwenanteil der Drogen, zunehmend gelangten sie aber auch über Tschechien und Polen in die Bundesrepublik. „Europa ist ein nahezu geschlossener Markt für Rauschgifte geworden".

Das Wiesbadener Bundeskriminalamt (BKA) erklärte die Ecstasy-Zunahme auch damit, dass Konsumenten harter Drogen immer mehr zu so genannten „stimulierenden" anstatt zu „dämpfenden" Rauschmitteln griffen. Die Zunahme von sichergestellten Drogen sei ein sicheres Indiz für einen erhöhten Konsum des entsprechenden Rauschgiftes.

Auch bei den anderen Drogen stiegen die Zahlen an. Die Frankfurter Polizei registriert „einen stetigen Zuwachs des Einfuhrschmuggels von Drogen". Kuriere, die Heroin oder Kokain nach Deutschland bringen, verlagerten nach Erkenntnissen der Zollbehörden zudem ihre Aktivitäten von Frankfurt hin zu den Flughäfen Köln, Düsseldorf und München.

Münchener Merkur

Text 2:

Kampf in den Köpfen

Der dramatischen Zunahme des Drogenmissbrauchs in Deutschland ist leider nicht mit Patentrezepten beizukommen. Einerseits gilt es natürlich, gegen Dealer und ihre Hintermänner sämtliche Mittel zu mobilisieren, über die der Rechtsstaat verfügt. Andererseits ist das Rauschgiftangebot Folge einer Nachfrage, und der muss in der Köpfen begegnet werden.

Grundfalsch ist es beispielsweise, die Gefahren des Drogenkonsums durch den stereotypen Hinweis auf die schädlichen Folgen von Alkohol und Nikotin zu relativieren. Die traditionelle Tolerierung kulturnaher Genussmittel wie Wein und Bier darf nicht zur Legitimierung des Joints dienen. Ebenso falsch ist auch, eine allzu starke Differenzierung zwischen gefährlichen harten und „harmlosen" weichen Drogen. Zweifellos endet nicht jeder Haschischraucher an der Nadel, umgekehrt haben aber die meisten „Junkies" ihre ersten Rauscherfahrungen mit „weichen" Drogen gemacht.

Besonders problematisch sind in verschiedener Hinsicht die so genannten Designerdrogen. Ecstasy & Co. ist nämlich der Ausbruch aus dem Schmuddel-Getto gelungen. Der Konsum bunter Pillen ist nicht zwangsläufig mit körperlichem und sozialem Verfall verbunden, wie das etwa bei Heroin der Fall ist. Im Gegenteil: Ecstasy hat das Image eines Katalysators für die Jungen, Starken, Schönen, Fitten – obwohl seine gefährlichen Folgen, die bis zum Tod reichen können, weitgehend bekannt sind.

Vor diesem Hintergrund erscheint es nur noch kurios, wenn immer wieder aus den verschiedensten Richtungen einer liberaleren Drogenpolitik das Wort geredet wird. Juristen und Mediziner mögen ruhig über die kontrollierte Abgabe von Heroin an Schwerstabhängige diskutieren – das enthebt den Staat nicht seiner Pflicht, potenziellen Konsumenten den Kontakt mit Rauschgift so schwer wie irgend möglich zu machen. Diesem Ziel kann er aber nur näher kommen, wenn Politiker, Polizei, Juristen, Pädagogen, Kirchen und Eltern in einer großen Koalition zusammenstehen.

Lorenz v. Stackelberg (Münchener Merkur)

Text 3:

Das Streiflicht
(Glosse)

Jetzt scheint es also doch bald Vorschrift zu werden: Vor ein paar Wochen war es noch der deutsche Bundespräsident, der die Medien auffordern musste, endlich positiver zu werden; nun aber hat der amerikanische Regierungssprecher nachgezogen. Er verlangte soeben kategorisch mehr gute Nachrichten in den einschlägigen Sendungen und Zeitungsspalten – und dem wird sich nun niemand mehr entziehen dürfen. Die Einzelheiten des entsprechenden deutsch-amerikanischen Abkommens werden gerade von einer gemischten Kommission ausgearbeitet.

Solange es noch nicht vorliegt, würden wir gerne schon mal unseren guten Willen beweisen und ein paar Vorschläge machen. Wichtig ist vor allem, dass auch künftig realistisch vorgegangen wird. Nicht realistisch wäre zum Beispiel die Hoffnung, der amerikanische Präsident oder andere Politiker würden demnächst einige derart positive Dinge zustande bringen, dass man von der Faktenlage her geradezu gezwungen wäre, darüber auch positiv zu berichten. Ebenfalls nicht sehr sinnvoll fänden wir es, wenn – um auf die hiesige Medienlandschaft einzugehen – die allmonatlichen Arbeitslosenzahlen künftig einfach unterdrückt würden und statt dessen darüber berichtet würde, dass ein Mitglied der Jungen Union in Reutlingen einer alten Dame über die Straße geholfen habe. Da würden sich doch bald die Leute besorgt fragen, wo denn der Herr Hundt bleibe, und sie würden sich auch nicht damit zufrieden geben, wenn der dem Interviewer von der hervorragenden Arbeitsatmosphäre erzählte, die bei der Bekanntgabe der Nürnberger Zahlen wieder geherrscht habe. Nein, der amerikanische Regierungssprecher hat schon Recht, der Arbeitsmarktbericht muss durchaus sein – nur dass der Schwerpunkt künftig eben auf der guten Seite der Medaille zu liegen käme. Warum etwa wird nicht einmal gezeigt, dass Arbeitslose oft länger ausschlafen können als die Leute mit Arbeit? Oder nehmen wir die Sache mit dem Baumsterben: Ist je eine Zeitung auf die Idee gekommen, einmal die positive Story über eine jener tapferen Tannen zu bringen, die – wie übrigens 40 Prozent ihrer Kolleginnen – noch gar nicht daran denken, die Zweiglein sinken zu lassen, nur weil das miesmacherische Klima das von ihnen erwartet?

Nehmen wir uns also vor, künftig vor allem das Gute zu entdecken! Gut ist, wenn die Kriege im Nahen oder Fernen Osten stattfinden und (augenblicklich) nicht bei uns; gut ist ferner, wenn ein berühmter Filmschauspieler stirbt, weil dann alle seine schönen Filme im Fernsehen wiederholt werden.

Und gut ist vor allem, wenn ein Regierungssprecher laut darüber nachdenkt, wie mithilfe eines uralten Taschenspielertricks, der noch nirgends funktioniert hat, die Welt in Ordnung gebracht wird.

Süddeutsche Zeitung
(unbekannte Ausgabe)

D

Interpretation von Sachtexten

Textarbeit:
Vergleich von Texten aus den Massenmedien

Arbeitsaufgaben:

❶ a) Geben Sie zu den ersten beiden Texten die jeweilige Textart an.   2

    b) Begründen Sie Ihre Entscheidung anhand von jeweils zwei Kriterien   4
       mit zwei konkreten Beispielen.

❷ a) Erklären Sie stichpunktartig die im 1. Text vorkommenden Fremdwörter: 2
       synthetisch, Konsument, stimulierend, Indiz.

    b) Ersetzen Sie die im 3. Text vorkommenden Wörter durch gleichwertige Ausdrücke: 2
       kategorisch, einschlägig, Faktenlage. Story

❸ a) Welche Methoden helfen im 2. Text wenig weiter, das Drogenproblem zu lösen?   2

    b) Welche Ansicht hat der Autor über den Drogenkonsum?   2

    c) Wie will der Autor diese Ansicht in die Tat umsetzen?   2

❹ Zählen Sie die Inhalte der negativen Berichterstattung auf, die im 3. Text ange-   3
sprochen werden. Ist es Ihrer Meinung nach nötig, dass der Leser über negative
Inhalte unterrichtet wird? (3 Sätze)

❺ Immer wieder wirft man Journalisten vor, zu wenig „positiv zu sein". Suchen Sie   3
nach Begründungen für diese negative Berichterstattung. (4 Sätze)

❻ Die Glosse bedient sich gern des versteckten Spotts, der eine scheinbare Zu-
stimmung vorgibt, aber das Gegenteil meint. Welche Aussagen finden Sie dafür
im Text? Schreiben Sie drei heraus!   3

❼ Die Glosse zeichnet sich oft auch durch einfallsreiche oder witzige Formu-   3
lierungen aus. Können Sie drei finden? Schreiben Sie sie heraus!

❽ Nehmen Sie Stellung zur Droge „Ecstasy"! Welche Meinung haben Sie dazu?   8
(Umfang ca. 1 Seite)

36

Susan D. (M 10a)
Vergleich von Texten aus den Massenmedien

zu 4)
- Baumsterben - Arbeitsmarkt
- Krieg im Nahen oder fernen Osten   R

"Ja, denn es bringt nichts, wenn wir alles
durch die „rosarote Brille" sehen. Es muss viel   2/1
negative Berichterstattung geben, weil die Leute
sonst nicht nachdenken, wie man das Problem
lösen könnte. Die Nachricht muss meiner Meinung
nach wahrheitsgetreu sein, ob sie dann positiv
oder negativ ist, ist mir persönlich egal.

zu 5)
Journalisten sind dazu verpflichtet, eine objektive   2/1
Berichterstattung abzuliefern. Sie berichten über das   R
Wissenswerte in Politik, Wirtschaft, Sport usw.   R
Es gibt einfach zu wenig positives, was erwähnens-   R
wert wäre. Außerdem wollen die Leute heutzutage,
bei schrecklichen Ereignissen mitfühlen.

zu 6)
Oder nehmen wir die Sache mit dem Baumsterben:
Ist je eine Zeitung auf die Idee gekommen, einmal
die positive Story über eine jene tapfere Tanne zu   G
bringen, die - wie übrigens 40 Prozent ihrer Kolleg-   R   3/-
innen - noch gar nicht daran denkt, die Zweiglein   G
sinken zu lassen, nur weil das miesmacherische

klima das von ihnen erwartet?
- Gut ist, wenn die Kriege im Nahen oder Fernen
  Osten stattfinden und (augenblicklich) nicht bei
  uns; gut ist ferner, wenn ein berühmter Schau-
  spieler stirbt, weil dann alle seine schönen
  Filme im Fernsehen wiederholt werden.

zu 7)
- Arbeitslose können oft länger ausschlafen.
- dass ein Mitglied der Jungen Union einer alten
  Dame über die Straße helfen
- die tapfere Somme

G   ③ 3/-

zu 1) a, Text 1 = Bericht   Text 2 = Kommentar
     b, Bericht = kein Verfasser; die W-Fragen
                  sind beantwortet
        Kommentar = subjektiv; der Verfasser
                    ist bekannt   ④ 4/-

zu 2, a)
  synthetisch = ¥
  Konsument = Verbraucher (0,5)
  stimulierend = aufbauend (0,25)
  Indio = Beweis (0,25)
     b,
  kategorisch = ¥
  einschlägig = ¥   ⑤ 1,5/-
  Faktenlage = ¥
  Story = Geschichte (0,5)

zu 3)

Der Kommentator hält es für grundfalsch, die Gefahren des Drogenkonsums durch den stereotypen Hinweis auf die schädigenden Folgen von Alkohol und Nikotin zu relativieren. Die traditionelle Tolerierung kulturnaher Genussmittel wie Wein und Bier darf nicht zur Legitimierung des Joints dienen. Ebenso falsch ist auch eine allzu starke Differenzierung zwischen gefährlichen, harten und „harmlosen" weichen Drogen.

R   ① 1/1

b) Er findet es schrecklich, dass die Jugend trotz be-wusster Folgen weiter Drogen konsumiert und daß die Zahlen noch steigen.① Er kritisiert auch Politiker②, Eltern und Pädagogen.

R   ① 0,5/0,5

S!

1 Fehlt: Verbot, keine Verniedli-chung!

2 Wo steht das so?

c) Er teilt in seinem Kommentar mit, dass man das Ziel③ nur erreichen kann, wenn Politiker, Polizei, Juristen, Pädagogen, Kirchen und Eltern in einer großen Koalition zusammenstehen.

3 Welches Ziel?

① 1/1

zu 8)

Ich nehme heute im Rahmen der Testaufgabe zur Droge „Ecstasy" Stellung. Meiner Meinung nach haben Leute, die zur Droge greifen, ein schwaches Selbstbewusstsein und kein Selbstwertgefühl. Daher sind es meistens die Schwachen oder Ausgeschlossenen die zu einer „Lösung" wie „Ecstasy" greifen. Dann④ kommt erschwerend hinzu, dass die Designerdroge „IN" ist. Wer Stress in der Schule oder mit den Eltern hat, sucht einen Ausweg, möchte abtauchen in eine

④ 4/3,5

A   **4** Besseres Wort!

R

andere Welt, flieht von der Realität.
Drogenkonsumenten sprechen bei Ecstasy von einem
berauschendem Gefühl, ja wie in Trance berichten
die Jugendlichen von der innerlichen Schwerelosigkeit und von den vielen bunten Farben. Was
sie in dem Moment der Schwerelosigkeit nicht bedenken ist, dass der übermäßige Genuss von
Ecstasy tödlich sein kann. Die Abhängigen behaupten, dass sie das unter Kontrolle hätten, doch
das haben sie nicht, denn es liegt nicht in ihrer
Macht. Auch bleibt die Frage wer bezahlt die Dosen?
Das Taschengeld von Jugendlichen reicht da oft nicht
aus und sie werden zu Straftätern. Dann nämlich
beginnen sie Autos aufzuknacken, Eltern und
Freunde zu beklaun oder auf den Strich zu gehen.
Ich finde Leute die Rauchen oder Drogen wie Ecstasy
feige. Zu feige um eine Richtige Lösung für ihre
Probleme zu finden.

G

G/R

R

R

R

R

R

⑤ R/A 5 Ein Wort
fehlt!

R

| **D** | **Thema:** Massenmedien (Textvergleich)   **Name:** Suzan D. (M 10a) | |

Bewertungsblatt: Interpretation von Sachtexten

Aufgliederung in einzelne Fragen:

Inhalt / Sprache

- **Frage 1:** a) Bericht (1/–)/Kommentar (1/–)
  b) 2 Kriterien mit 2 Beispielen (2/2)

  Aufgliederung Punkte: I __4__ / S __2__   Erreicht: I __4__ P. / S __–__ P.

- **Frage 2:** a) künstlich; Verbraucher; anregend; Hinweis
  b) nachdrücklich; passend; Tatsachen; Geschichte

  Aufgliederung Punkte: I __4__ / S __–__   Erreicht: I __1,5__ P. / S __–__ P.

- **Frage 3:** a) Tolerierung und Legitimierung b) bessere Kontrolle durch Staat c) Zusammenarbeit/Kontrollen

  Aufgliederung Punkte: I __3__ / S __3__   Erreicht: I __2,5__ P. / S __2,5__ P.

- **Frage 4:** Arbeitslosenzahlen/Baumsterben/Klima/Krieg
  Ja, Pflicht des Journalismus zur Objektivität

  Aufgliederung Punkte: I __2__ / S __1__   Erreicht: I __2__ P. / S __1__ P.

- **Frage 5:** Negatives (Horror, Angst Erregendes) „verkauft"
  sich glänzend (BILD; RTL 2)

  Aufgliederung Punkte: I __2__ / S __1__   Erreicht: I __2__ P. / S __1__ P.

- **Frage 6:** Politiker ⇨ Positives (!); Mitglied der JU ⇨ tolle
  Hilfeleistung (!); Unterdrückung der Arbeitsl.zahlen

  Aufgliederung Punkte: I __3__ / S __–__   Erreicht: I __3__ P. / S __–__ P.

- **Frage 7:** Arbeitslose dürfen länger ausschlafen; Taschen-
  spielertrick funktioniert nicht; Zweiglein sinken

  Aufgliederung Punkte: I __3__ / S __–__   Erreicht: I __3__ P. / S __–__ P.

- **Frage 8:** Ecstasy: Einleitung (Definition) - Hauptteil (Gründe
  für die Ablehnung) - Schluss (Gegenmaßnahmen)

  Aufgliederung Punkte: I __4__ / S __4__   Erreicht: I __4__ P. / S __3,5__ P.

Erreichte Punktzahl: __30__ von 36 P.   Note: **2**

✌ 36 - 33 = 1; ☺ 32,5 - 28 = 2; ☺ 27,5 - 22 = 3; ☺ 21,5 - 16 = 4; ☹ 15,5 - 9 = 5; ☄ 8,5 - 0 = 6

D

Nehmen Sie Stellung zur Droge „Ecstasy"! Welche Meinung haben Sie dazu?

Gliederung:

A) Einleitung:
- Definition „Ecstasy"
- oder: Eigener Erfahrungsbereich • oder: Aktuelles (Zahlen)

B) Hauptteil:
Ablehnung (oder Befürwortung) ⇨ Auflistung einiger Argumente mit Beispielen

C) Schluss:
- Gegenmaßnahmen
- oder: Abgrenzung zu anderen Drogen • oder: Ausblick in die Zukunft

Die Droge „Ecstasy" – 1914 chemisch zum ersten Mal hergestellt, zeitweilig erlaubt und inzwischen verboten – gehört zu den so genannten Designerdrogen, die sich aus einfachen Bestandteilen zusammensetzen, aber unkalkulierbare Wirkungen aufweisen. Als synthetisches Aufputschmittel kann es seelische Suchterscheinungen hervorrufen, bedingt durch den Wirkstoff der Muskatnuss. Ecstasy – in der Szene auch XCT, Eve, Adam oder Empathy genannt – wirkt gefühlssteigernd und stimmungshebend, intensiviert Sinnesreize und Sozialkontakte, erzeugt niedrig dosiert Halluzinationen und putscht in höheren Dosen regelrecht auf.

Für mich ist diese Droge ein wahres „Teufelszeug", denn die winzigen, in allen Farben schimmernden Tabletten mit zum Teil lustigen Figuren verbergen hinter ihrer verharmlosenden Fassade ein oft tödlich wirkendes Innenleben. Smilies und Bärchen in Rosa und Blau schauen den Konsumenten „treuherzig" an, der bei diesem Anblick an gar nichts Schlimmes denken kann und oft auch die üblichen Warnungen vergisst. Wie kann so etwas Niedliches schon gefährlich sein?

Wenn dann auch noch der äußere Rahmen stimmt, z. B. eine traumhafte Diskothek mit absolut aktueller Techno-Musik in der passenden Lautstärke, propere Boys bzw. Girls, etwas bis viel Alkohol in Form verführerischer Drinks, dann ist auch die Hemmschwelle erheblich niedriger, sich so eine lustige Pille einzuverleiben, zumal das Ergebnis für den Konsumenten vordergründig sehr reizvoll ausfällt. Man ist euphorisch, knüpft scheinbar spielerisch leicht Kontakte und sieht die Welt durch eine „rosarote" Brille. Ecstasy ist „in", weil diese Droge Minderwertigkeitskomplexe eine Zeitlang unterdrücken kann.

Das böse Erwachen kommt etwas später, dafür umso so vehementer. In harmloseren Fällen muss man für das, was man getan hat, gerade stehen, denn Ecstasy führt zu Rausch-, Angst- und Verwirrungszuständen. Die Skala reicht hier von übler Anmache und aggressivem Verhalten bis zu schwersten Verkehrsunfällen. In schwerwiegenderen Fällen treten Bluthochdruck mit Herzinfarktgefährdung, gefährliche Leberstörungen, Nierenfunktionsstörungen, krankhafte Veränderung der Nervenzellen, die zu Abbauprozessen – sprich „Verblödung" – im Gehirn führen und Nekrosen – das sind Prozesse, bei denen Körpergewebe abstirbt – auf. Im schlimmsten Fall kann man an Ecstasy sterben – und das ist gar nicht so selten. Vor kurzem machte mich eine Nachricht in der Süddeutschen Zeitung betroffen, die vom Tod einer 17-Jährigen in einer Schwabinger Disko nach dem Konsum von Ecstasy berichtete. Bei diesem Mädchen reichte dazu eine einzige, winzige Tablette. Man kann zudem nie sicher sein, wie hoch die Konzentration in der jeweiligen Tablette ist.

Gegen Ecstasy ist ein rigoroses Vorgehen vonnöten. Nur durch verstärkte und konsequente Kontrollen an den Brennpunkten wie Diskotheken und Schulen, verbunden mit einer besseren Aufklärung auch und gerade in den Medien kann man dieses Problem besser in den Griff bekommen. Dazu gehört auch eine harte Bestrafung von Konsumenten und Dealern. Eine endgültige Lösung des Problems ist nur dann möglich, wenn jeder Einzelnen genug Selbstbewusstsein und Ich-Stärke besitzen würde, um einfach nur „Nein" zu sagen.

Karl-Hans Seyler

Die Gedanken sind frei
Verbote und Zensur taugen nicht für die neuen Medien

Der Gedanke ist so simpel wie wohlfeil: Brutale Computerspiele funktionieren als Drehbücher, die von labilen Jugendlichen nur noch in die Tat umgesetzt werden müssen. Diese volkstümliche Variante der Medienkritik hat im Moment wieder Konjunktur. Es wird nach schärferer Zensur und Verboten gerufen, und nicht nur die Ballerspiele soll es treffen, sondern auch Filme und Bücher. Die Jugend soll geschützt werden vor bösen Bildern und Worten, auf dass sie nicht auf böse Gedanken komme.

Die zu wandelnden Zeitbomben gestempelten Spieler gingen in die Defensive: Ihr Zeitvertreib, sagten sie, habe ja mit Gewalt nichts zu tun. Es gehe ihnen um sportlichen Wettkampf und Geselligkeit, die brutalen Szenerien und spritzenden Eingeweide seien quasi nur die Einkleidung des Spielgedankens.

Was natürlich barer Unsinn ist. Würde in den Spielen auf abstrakte geometrische Figuren geschossen, so verlören sie einen großen Teil ihres Reizes. Es mag sein, dass das Töten nicht die primäre Motivation für die meisten Spieler ist – doch so abgestumpft ist niemand, dass für ihn der Schuss auf eine menschliche Figur nicht von ganz anderen Emotionen begleitet wäre als der auf ein skurriles Trickfilm-Monster oder eine bunte Kugel.

Aber das ist beim rechtschaffenen Bürger, der am Sonntagabend seinen Tatort anschaut, nicht anders. Auch der Krimi hätte weniger Spannung, ginge es nur um Urkundenfälschung statt um Mord. Und kaum jemand würde behaupten, die Gewalt im TV verhöhne die Opfer von Gewaltverbrechen – wenn nicht gerade eine frappierende Parallelität der Handlungen besteht. Kurz nach dem 11. September war es selbstverständlich opportun, Filme aus dem Programm zu nehmen, in denen Flugzeuge in Wolkenkratzer krachen. Und die besonneneren der Computerspieler haben nach der Tragödie von Erfurt zumindest die öffentlichen Lan-Partys abgesagt.

Tod und Sex kitzeln die Fantasie – das gilt für die Literatur schon immer, und dies hat jedem neuen Medium den anfänglichen Schwung gegeben. Auch der Fernsehkrimi füttert die Fantasien. Vielleicht stellt sich der brave Zuschauer im Ohrensessel bisweilen vor, seinen Chef auf dieselbe heimtückische Weise um die Ecke zu bringen wie der Mörder auf der Mattscheibe. Das darf er. Die Gedanken sind frei – nicht nur, weil man sie nicht erraten kann. Abgründe lauern in jeder Bürgerseele. Und literarisch verarbeitete Fantasien geben nicht erst seit dem Marquis de Sade Einblicke in diese Abgründe. Vor den allzu abartigen Varianten sollte man die Kinder schützen, dafür gibt es Altersbeschränkungen bei Filmen und Videospielen und den Index der Bundesprüfstelle für jugendgefährdende Schriften (für den das Bundesverfassungsgericht 1990 im „Mutzenbacher-Urteil" sehr enge Kriterien festgelegt hat – kurz gesagt: Kunst darf nicht auf den Index).

In diesen Tagen muss man es offenbar wieder deutlich sagen: Es besteht ein Unterschied zwischen einer Gewaltfantasie und Gewalt, zwischen einer vorgestellten, medial ausgeschmückten Tat und der Tat selbst. In den USA fällte vor ein paar Wochen der Oberste Gerichtshof ein wichtiges Urteil: Er kassierte ein Gesetz, das „virtuelle Kinderpornografie" der realen gleichstellte. Er untersagte also, Filme, die etwa durch Computermanipulation zustande gekommen sind, genauso zu behandeln wie Filme, für deren Herstellung Kinder real missbraucht wurden. Der „virtuelle" Film mag geschmacklos sein und an niedere Instinkte appellieren – aber er gehört in eine andere Kategorie. Wer reale Kinderpornografie produziert oder vertreibt, der soll mit aller Härte des Gesetzes verfolgt werden. Wer fiktive Fantasien über Sex mit Kindern verbreitet, den mögen wir wie Nabokov in den literarischen Himmel heben oder zutiefst verachten. Das Schlimmste, was ihm aber passieren kann, ist, dass sein Werk unter die Ladentheke verbannt wird. Ich habe einen zehnjährigen Sohn, der in den nächsten Jahren (mit oder ohne mein Wissen) Dinge sehen und hören wird, die mir in der behüteten Jugend der sechziger Jahre nicht zugänglich waren. Während wir heimlich in den Unterwäscheseiten des Quelle-Katalogs blättern mussten, um die vage Ahnung von der Anatomie des anderen Geschlechts zu präzisieren, haben die heute Heranwachsenden via Internet Zugang zu Millionen Bildern, die diese Anatomie in allen Details zeigen, einschließlich der Penetration diverser Körperöffnungen auf jede erdenkliche Weise. Das macht mir Sorgen, und gleichzeitig weiß ich, dass ich es kaum verhindern kann. Und dass auch Jugendschutzparagrafen und Filtersoftware dagegen wenig ausrichten werden.

Die Idee, Jugendliche vor dem schädlichen Einfluss von Medien zu schützen, muss und darf man deswegen nicht aufgeben. Aufgeben muss man aber wohl die Idee, dass Verbote und Zensur die Mittel dazu sind. Das ging nur in einer Zeit, in der die Herausgabe von Massenmedien auf wenige beschränkt und damit ein Verbot der Quellen einfach war. Wie schützt man also Heranwachsende vor dem negativen Einfluss von Bildern und Schriften? Es gibt darauf keine befriedigende Antwort. Die beste ist immer noch ein Stichwort, das zwar sehr nach den gern geprügelten 68ern klingt, aber aktueller ist denn je: „Medienkompetenz". Wenn ich meinem Kind die Medien nicht vollständig vorenthalten kann oder will, muss ich es in die Lage versetzen, mit ihnen umzugehen, ohne Schaden zu nehmen. Das bedeutet: die Kinder begleiten, mit ihnen über ihre Medienerfahrungen reden, mit ihnen die Fähigkeit üben, Wahrheit von Lüge und Schund von Kunst zu trennen. Und sie irgendwann loslassen, weil sie mit den neuen Medien souveräner umgehen als die Generation ihrer Eltern.

Die größte Gefahr, die von den Computermedien ausgeht, ist nicht das angebliche Verschwimmen der Grenze zwischen Fiktion und Realität. Studien mit Jugendlichen, die ausgiebig Ego-Shooter spielen, haben ergeben, dass das Ballern auf Zombies und menschliche Figuren emotional eine viel geringere Wirkung hat als ein traditioneller Spielfilm mit einer komplexen, „lebensnahen" Handlung.

Anstatt Leichen zu zählen, sollten die Medienkritiker sich der wirklich neuen Qualität der Online-Spiele und der virtuellen Gemeinschaften zuwenden: der Möglichkeit, sein soziales Leben fast ausschließlich im Netz zu verbringen. Vor einigen Jahren starb in Norwegen ein Junge bei einem Verkehrsunfall. Erst im Nachhinein stellten seine Eltern fest, dass der gesamte Freundeskreis ihres Kindes aus Mitspielern eines Online-Spiels bestand. Bei der – ergreifenden – Trauerfeier im Netz standen grobpixelige Spielfiguren am virtuellen Grab des Jungen.

Hunderttausende Menschen haben schon heute ihre sozialen Kontakte hauptsächlich im Cyberspace – nicht weil sie den Unterschied zwischen Realität und Virtualität nicht sähen, sondern weil sie es so gewählt haben. Viele finden dadurch überhaupt erst Anschluss. Aber es ist oft ein Anschluss im Wortsinn: ein Leben, das seinen Sinn verliert, wenn man den Stecker zieht. Über dieses Phänomen werden die Soziologen in den nächsten Jahren zu brüten haben.

Christoph Drösser in: DIE ZEIT, Nr. 22, vom 23. Mai 2002

D

Interpretation von Sachtexten

Textarbeit:
Analyse eines Zeitungsartikels

Arbeitsaufgaben:

❶ Welche joumalistische Darstellungsform liegt vor? Begründe kurz.   4

❷ Was sind „neue Medien", die der Verfasser im Untertitel anführt?   2

❸ Welche These (Behauptung) stellt der Autor auf?   2

❹ Fremdwörter: 7
Suche in den ersten drei Abschnitten die sieben Fremdwörter heraus, die zu den unten angegebenen deutschen Übersetzungen passen. Ordne richtig zu.
- nützlich, passend, angebracht
- Gemütsbewegungen, seelische Erregungen
- behördliche Prüfung (und Verbot) von Druckschriften
- verschroben, eigenwillig, drollig
- Beweggrund
- überraschend, verblüffend
- Verteidigung, Abwehr

❺ Fremdwörter: 5
Gib zu den fünf Fremdwörtern die deutsche Bedeutung an.
- Index
- Kategorie
- vage
- Anatomie
- Phänomen

❻ Fasse den Text kurz zusammen (1 DIN A 4 - Seite).   16

—
36

Evelyn   M 10a

2. Probearbeit aus dem Deutschen

1. Die journalistische Darstellungsform ~~in dieser Schaufgabe~~ ist ein Kommentar. Zu erkennen ist dies an der subjektiven Schreibweise. Außerdem ist der Verfasser (Christop Drösser) bekannt. Die eigene Meinung des Autors und seine Absichten sind deutlich zu erkennen.

A

2,5/ 1,5

2. Der Autor bezeichnet als „neue Medien" hauptsächlich die brutalen Computerspiele, die der jüngeren Generation gewaltbereitschaft und gewissenlosigkeit vermitteln. Ferner kritisiert er das Fernsehen und die Filmindustrie, da diese „anscheinend" keinen Grund sehen_ brutales, gewaltbereites und pornografisches Fernsehen einzustellen.

R
R
R

R

1/1

3. Der Verfasser behauptet in seinem Kommentar, dass uns die Medien mit brutalem Gewalt-, Pornografie- und Mordszenen überfluten. Er kritisiert auch unser Gesetz und die „undurchdachten, undefinierbaren" Urtele der Richter. Er ist auch der Meinung, dass die „virtuellen" Welten bald überhand nehmen und noch ~~skrupelloser~~ werden. ǂ

R

R

–/–

These des Autors?

zu 4)

a) ~~al wohlfäll~~

b) Emotion

c) Zensur

d) shuril

e) ✝

f) ✝

g) Defensive

4/–

Index = Liste ✝

Kategorie = Sparte ; Bereich

vage = unentschlossen; unsicher

Anatomie = Körperbau ; Körperzusammensetzung

Phänomen = (ungeklärte) Erscheinung

zu 5)

Der Verfasser Christoph Drösser ~~verfaßte~~ den   **A**

am 23. März 2002 ~~veröffentlichten~~ in „Die Zeit"   **A**

erschienenem Artikel.

Darin schreibt er über die brutalen Computerspiele,

die die Jugend in ihrem Denken beeinflußt und   **G**

zur Kriminalität und Gewaltbereitschaft anstacheln.

Auch bemerkt er, dass diese Art der Medienkritik

einen Aufschwung hat. Christoph Drösser ist der

Meinung, dass die jüngere Generation vor der

„primitiven" Darstellungsform der Medien geschützt

werden muss. Er betont auch indirekt, dass einige   **R**

7/6,5

Medien eine Art Sucht hervorrufen. Doch die
Gewalt möchte der Autor nicht ganz aus Computer-   **A**
und Fernsehwelt verbannen. Sie sollte nur nicht
so blutig und skrupellos sein. Dennoch teilt er
uns im Gegensatz dazu mit, dass die Gedanken   **R**
jedes Menschen frei sind.①✝ Wie für eine Selbstver-
ständlichkeit haltend, erklärt der Verfasser, dass
„literarisch verarbeitete Fantasien, nicht erst
seit dem Marquis de Sade", Blicke in diese Gedanken
werfen lassen. Der Hinweis auf die Altersbeschränk-
ung für Kinder wir wie eine Warnung im Text   **R**
lesbar. Fast schon ironisch schreibt er über den
Unterschied zwischen einer vorgestellten, medial
ausgeschmückten Tat und der Tat selbst. Er ist
entsetzt über die Tatsache, dass er seinen 10-jährigen
Sohn schützen möchte, es aber nicht kann. Zuviele   **R**
Möglichkeiten bieten sich Drössers Sohn in der   **R**
„modernen" Welt des Medienreichtums. Doch
findet er eine Lösung, das gesehene, von Kindern   **R**
nicht verstandene mit ihnen zu verarbeiten.②✝ Er   **R**
möchte reden und bewegt sich damit selbst vom
Medienkonsum weg. Da solche Menschen das „Leben"   **R**
in der virtuellen Welt wählen, müssen Soziologen
sich in der nächsten Zeit wohl den Kopf darüber
zerbrechen.

1 Konse-
quenz?

2 Medien-
kompetenz!

| **D** | **Thema:** Analyse Zeitungsartikel | **Name:** Evelyn P. (M 10a) | |

Bewertungsblatt: Interpretation von Sachtexten

Aufgliederung in einzelne Fragen:

Inhalt / Sprache

- **Frage 1:** Kommentar - subjektiv, Verfasser bekannt, Intention erkennbar

  Aufgliederung Punkte: I **2,5** / S **1,5**   Erreicht: I **2,5** P. / S **1,5** P.

- **Frage 2:** Computerspiele; Internet

  Aufgliederung Punkte: I **1** / S **1**   Erreicht: I **1** P. / S **1** P.

- **Frage 3:** Verbote und Zensur sind für die neuen Medien ungeeignet.

  Aufgliederung Punkte: I **1** / S **1**   Erreicht: I **–** P. / S **–** P.

- **Frage 4:** opportun, Emotionen, Zensur, skurril, Motivation, frappierend, Defensive

  Aufgliederung Punkte: I **7** / S **–**   Erreicht: I **4** P. / S **–** P.

- **Frage 5:** Liste verbotener Bücher; Klasse, Gattung; ungewiss, unbestimmt; Körperbau; seltenes Ereignis, Erschein.

  Aufgliederung Punkte: I **5** / S **–**   Erreicht: I **4,5** P. / S **–** P.

- **Frage 6:** Basissatz (2/2), alle Inhalte (6/6)

  Aufgliederung Punkte: I **8** / S **8**   Erreicht: I **7** P. / S **6,5** P.

- **Frage 7:** entfällt

  Aufgliederung Punkte: I ____ / S ____   Erreicht: I ____ P. / S ____ P.

- **Frage 8:** entfällt

  Aufgliederung Punkte: I ____ / S ____   Erreicht: I ____ P. / S ____ P.

Erreichte Punktzahl: **28** von 36 P.   Note: **2**

✌ 36 - 33 = 1; ☺ 32,5 - 28 = 2; ☺ 27,5 - 22 = 3; ☺ 21,5 - 16 = 4; ☹ 15,5 - 9 = 5; ☀ 8,5 - 0 = 6

D

Die Gedanken sind frei

Inhaltsangabe:

Am 23. Mai 2003 erschien in der Wochenzeitung „Die Zeit" ein Artikel von Christoph Drösser, der mit „Die Gedanken sind frei" überschrieben war. Der Autor zitiert im Titel ein süddeutsches Flugblattlied, das um 1780 entstanden ist und sich aufklärerisch gegen die damalige Zensur durch die Königs- und Adelsherrschaft wendet. Drösser hat diese Schlagzeile übernommen und auf die neuen Medien übertragen. Seiner Meinung nach taugen Verbote und Zensur nicht für die neuen Medien wie Internet und Computerspiele.

Zur Zeit habe Medienkritik in Form schärferer Zensur wieder Konjunktur, denn die Jugend müsse vor Gewalt und Brutalitäten geschützt werden, schreibt der Autor im ersten Abschnitt. Zwar versuchen Computerspieler ihre ballernden Tätigkeiten als sportlichen Wettkampf mit geselligem Charakter zu bagatellisieren, doch das sind nur Ausflüchte, denn in diesem Geschäft zählt nur die Spannung und der Nervenkitzel in Form von Mord und Gewalt. Tod und Sex in den Medien regen nach Meinung des Autors die Fantasie des Menschen an und erlauben zumindest in Gedanken das Ausleben abgrundtief böser und gemeiner Emotionen. Allerdings sollte man Kinder vor allzu abartigen Varianten des Mediengeschäfts durch Verbote schützen.

Im nächsten Abschnitt argumentiert Drösser, dass ein Unterschied zwischen einer Gewaltfantasie und einer tatsächlich verübten Gewalttat bestehe. In diese Richtung geht auch ein Urteil des amerikanischen Obsten Gerichtshofes, das zwischen virtueller und realer Kinderpornografie einen deutlichen Unterschied macht. Nur die letztere soll hart bestraft werden. Drösser befürchtet auch, dass Kinder und Jugendliche heute per Internet Zugang zu einer Vielzahl pornografischer Bilder und Filme haben, was in den 60er-Jahren für Heranwachsende unmöglich, aber auch undenkbar gewesen sei. Der Autor meldet Bedenken im Hinblick auf seinen zehnjährigen Sohn an. Selbst Jugendschutzparagrafen und Filtersoftware können dagegen wenig ausrichten.

Wie soll man dann Heranwachsende vor dem schädlichen Einfluss gerade der neuen Medien schützen? Die Antwort des Autors ist ein Schlagwort und heißt „Medienkompetenz". Damit ist gemeint, dass man Kinder und Jugendliche durch Gespräche in die Lage versetzen soll, mit Medien kritisch umzugehen. „Verbote und Zensur taugen nicht für die neuen Medien", das ist eine These des Autors. Schon deshalb nicht, weil sie nicht durchsetzbar sind.

Die zweite These folgt am Ende des Artikels. Nicht das Verschwimmen der Grenze zwischen Fiktion und Realität ist gefährlich, sondern die Möglichkeit, sein soziales Leben fast ausschließlich im Netz zu verbringen. Als Beispiel führt Drösser einen Jungen aus Norwegen an, dessen gesamter Freundeskreis nur aus Mitspielern eines Online-Spieles bestand, wie sich nach seinem Tod herausstellte.

Sicher sind soziale Kontakte im Internet begrüßenswert, allerdings nur dann, wenn sie nicht einziger Lebenszweck sind. Wenn man den Stecker zieht, darf das Leben nicht seinen Sinn verlieren.

Kommentar:

Obwohl eine Reihe von rhetorischen Stilmitteln verwendet werden, bleibt der Text im Tenor (Grundton) eher sachlich und sehr ernsthaft. Dies gelingt unter anderem durch mehrere Bezüge auf externe Autoritäten, durch eine Reihe von Fachausdrücken und durch eine Passage, in der sich der Autor in der Ich-Form als persönlich von der aktuellen Medienentwicklung betroffenen Vater darstellt. An Ironie wird demgegenüber gespart. Lediglich im ersten Absatz klingen Polemik und Ironie an. Als Aufmerksamkeitsfänger wählt Drösser eine Anspielung auf ein liberales, aufklärerisches Volkslied, mit der er den Artikel überschreibt. Vermeintlich ist damit schon das Hauptargument des Autors erkannt: Die Gedanken sind frei, das heißt, der Autor wendet sich gegen die Einschränkung der Meinungs- und Pressefreiheit. Doch dieser Eindruck täuscht. Es geht Christoph Drösser nicht primär um die Meinungsfreiheit, sie ist ihm auch wichtig, jedoch nicht uneingeschränkt. Kinder will er wohl vor „allzu abartigen Varianten" schützen. Dennoch setzt er darauf, dass nicht hinter jedem Computerspieler – genauso wenig wie hinter jedem Tatort-Konsumenten – ein Killer steckt. Er betont ausführlich, dass Gewaltfantasien noch keine Gewalt sind und appelliert hier an einen freiheitlichen, eigenverantwortlichen Umgang mit Medien. Noch aus einem zweiten Grund hält er ein Verbot oder eine Zensur nicht für richtig. Ganz einfach, weil beides nicht durchzusetzen wäre.

Viel wichtiger als diese Debatte um das Verwischen von Fiktion und Realität oder um Verbot oder nicht ist ihm jedoch die Gefahr, die von der sozialen Vereinzelung und Vereinsamung ausgeht. Zu diesem eigentlichen Anliegen kommt er erst im letzten Viertel seines Berichts. Die virtuellen Kontakte im Netz seien nur Pseudokontakte, die das wirkliche Leben im schlimmsten Falle sinnlos werden ließen. Als einzigen, jedoch unbefriedigenden Lösungsansatz sieht Drösser die Stärkung von Jugendlichen im Umgang mit Medien im Sinne einer Förderung von Medienkompetenz.

Karl-Hans Seyler

Row 1 — Aufsatz 5/6 Band I

STUNDENBILDER für die SEKUNDARSTUFE

BLEIZIFFER/RUPPRECHT

Aufsatz 5/6

Band I
Sachliche Darstellungsformen

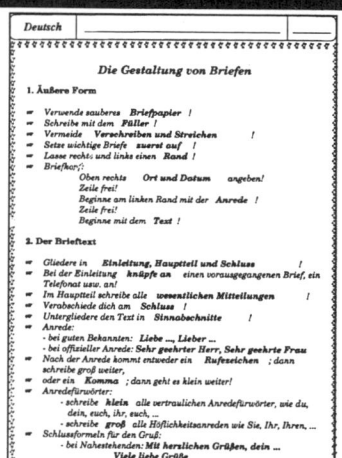

• LEHRSKIZZEN • TAFELBILDER • FOLIENVORLAGEN
• ARBEITSBLÄTTER mit LÖSUNGEN

Deutsch

Die Gestaltung von Briefen

1. Äußere Form
- Verwende sauberes Briefpapier !
- Schreibe mit dem Füller !
- Vermeide Verschreiben und Streichen !
- Setze wichtige Briefe zuerst auf !
- Lasse rechts und links einen Rand !
- Briefkopf:
  - Oben rechts Ort und Datum angeben!
  - Zeile frei!
  - Beginne am linken Rand mit der Anrede !
  - Zeile frei!
  - Beginne mit dem Text !

2. Der Brieftext
- Gliedere in Einleitung, Hauptteil und Schluss !
- Bei der Einleitung knüpfe an einen vorausgegangenen Brief, ein Telefonat usw. an!
- Im Hauptteil schreibe alle wesentlichen Mitteilungen !
- Verabschiede dich am Schluss !
- Untergliedere den Text in Sinnabschnitte !
- Anrede:
  - bei guten Bekannten: Liebe ... Lieber ...
  - bei offizieller Anrede: Sehr geehrter Herr, Sehr geehrte Frau
  - Nach der Anrede kommt entweder ein Rufzeichen ; dann schreibe groß weiter,
  - oder ein Komma ; dann geht es klein weiter!
- Anredefürwörter:
  - schreibe klein alle vertraulichen Anredefürwörter, wie du, dein, euch, ihr, euch, ...
  - schreibe groß alle Höflichkeitsanreden wie Sie, Ihr, Ihren, ...
- Schlussformeln für den Gruß:
  - bei Nahestehenden: Mit herzlichen Grüßen, dein ...
  - Viele liebe Grüße
  - bei Fernerstehenden: Mit freundlichen Grüßen Ihr ...

Inhaltsübersicht:

Wichtige Regeln für den sachlichen Aufsatz
Sprache ohne Sprechen

Miteinander reden: Vorstellung / Entschuldigung / Telefonat
Wir brauchen Gesprächsregeln!
Die Diskussion
Meinungen äußern und begründen

Beschreibungen: Voraussetzungen / Vorschläge / Regeln
Was sind Wolpertinger?
Übungsblätter: Wir beschreiben Menschen/Autos
Wie flickt man einen Fahrradschlauch?
Ein Auto, von Luft angetrieben
Wie backe ich Pfannkuchen?
Wie spielt man Mühle?
Wie komme ich zum Freibad?
Fahrrad gestohlen!
Katze gesucht!

Bericht: Was ist ein Bericht?/Vorschläge/Prüfliste

Unser Sportfest
Wie geschah der Unfall in der Schulstraße?

Praktische Darstellungsweisen
Schreib' mal wieder
Die Gestaltung von Briefen
Der Brief (Einführung)
Wie gestalten wir einen Brief?
Wir schreiben Postkarten

Niederschriften: Inhalte / Voraussetzungen / Erarbeitung
Wir untersuchen Wasser
Wir wollen sauberes Wasser!
Wie funktioniert die Warmwasserheizung?
Wasser trägt Berge ab
Land aus dem Meer
Ein Bronzeschwert wird gegossen!
Warum können wir uns bewegen?

Aufsatz 5/6 Band I

Nr. 242 130 Seiten € 19,50

Row 2 — Aufsatz 5/6 Band II

STUNDENBILDER für die SEKUNDARSTUFE

BLEIZIFFER/RUPPRECHT

Aufsatz 5/6

Band II
Erzählende Darstellungsformen

VORLESEN und VORTRAGEN
ERLEBNISERZÄHLUNGEN
BILDERGESCHICHTEN
FANTASIEERZÄHLUNGEN
NACHERZÄHLUNGEN

• LEHRSKIZZEN • TAFELBILDER • FOLIENVORLAGEN
• ARBEITSBLÄTTER mit LÖSUNGEN

Inhaltsübersicht:

A: MÜNDLICHER SPRACHGEBRAUCH

Vorlesen und Vortragen
1. Wie können wir ausdrucksvoll vorlesen und vortragen?
2. Mit jedem redest du anders
3. Stücke zum Vortragen
   - Karawane
   - Peter und das Echo
   - Fink und Frosch
   - In der Apotheke
4. Wir spielen ohne Worte
5. Wir spielen Personen/Rollen
6. Die Parkbank (Stegreifspiel)
7. Wir spielen nach einem Text
   - Wie Eulenspiegel in die Luft schaute
   - Seltsamer Spazierritt

**B: SCHRIFTLICHER SPRACHGEBRAUCH
ERZÄHLENDE SPRACHGESTALTUNG**

Erlebniserzählungen
1. Vorschläge für den Unterricht
2. Kleines Einmaleins des Aufsatzschreibens
3. Übersicht Erzählung
4. Prüfliste für Erzählungen
5. Angst gehabt
6. Zu spät gekommen
7. Ein Erlebnis mit einem Tier

Bildergeschichten
1. Die Bildergeschichte
2. Geschichten mit Bildern
3. Der Affe ist los
4. Die neidischen Männchen
5. Die Fliegenjagd
6. Vorgetäuschte Kraft
7. Peters Streich am Putztag

Fantasieerzählungen
1. Die Fantasieerzählung
2. Wir erfinden Geschichten
3. Die Nacht in der Scheune
4. Was ist eine Lügengeschichte?
5. Lügengeschichten

- Auf Safari
- Die Sprungschanze
- Geschichten nach Bildern
6. Münchhausen
7. Till Eulenspiegel nimmt alles wörtlich
8. Ein Fahrrad klagt
9. Mit der Zeitmaschine in die Steinzeit
10. Die Krähe und der Krug (Fabel)
11. Wir verfassen eine Fabel

Nacherzählungen
1. Die Nacherzählung
2. Textvorlagen
   - Das Bäumchen
   - Seltsamer Spazierritt
   - Der Nordwind und die Sonne

Aufsatz 5/6 Band II

Nr. 243 130 Seiten € 19,50

Row 3 — Aufsatzerziehung 7./8. Jahrgangsstufe

STUNDENBILDER für die SEKUNDARSTUFE

Karl-Hans Seyler

**Aufsatzerziehung
7./8. Jahrgangsstufe**

Erzählen
Textgebunden schreiben
Berichten
Alltagssituationen schriftlich bewältigen
Inhalte wiedergeben
Sich mit Problemen auseinandersetzen
Berichten

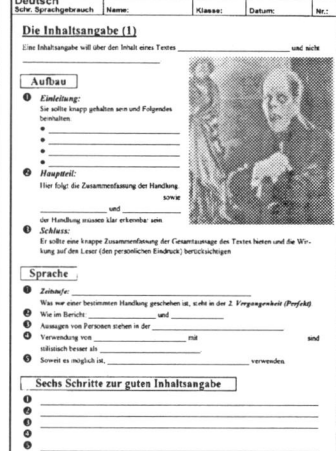

• LEHRSKIZZEN • TAFELBILDER • ARBEITSBLÄTTER
• FOLIENVORLAGEN

Deutsch
Schr. Sprachgebrauch: Name: Klasse: Datum: Nr.:

Die Inhaltsangabe (1)

Eine Inhaltsangabe will über den Inhalt eines Textes _____ und nicht _____

Aufbau

❶ Einleitung:
Sie sollte knapp gehalten sein und Folgendes beinhalten.
- _____
- _____
- _____

❷ Hauptteil:
Hier folgt die Zusammenfassung der Handlung _____ sowie _____ und _____
der Handlung müssen klar erkennbar sein.

❸ Schluss:
Er sollte eine knappe Zusammenfassung der Gesamtaussage des Textes bieten und die Wirkung auf den Leser (den persönlichen Eindruck) berücksichtigen.

Sprache

❶ Zeitstufe: _____
Wie wir unter bestimmten Handlung geschehen ist, steht in der 2. Vergangenheit (Perfekt)

❷ Wie im Bericht: _____ und _____
❸ Aussagen von Personen stehen in der _____
❹ Verwendung von _____ mit _____ sind stilistisch besser als _____
❺ Soweit es möglich ist, _____ verwenden.

Sechs Schritte zur guten Inhaltsangabe
❶ _____
❷ _____
❸ _____
❹ _____
❺ _____
❻ _____

Inhaltsübersicht:

Erzählen
Wir schreiben eine Bildergeschichte:
Der schlechte Hausaufsatz
Eine Sage nacherzählen:
In der Höhle des Zyklopen (Odysseus)
Eine Geschichte zu Ende erzählen:
Bootsfahrt im Nebel
Wir verändern vorgegebene Texte:
Reklamiertes Märchen
Wir schreiben eine Lügengeschichte
Spielerischer Umgang mit Sprache

Berichten
Bericht: Gefahren des Drachensteigens
Bericht: Verkehrsunfall
Bericht: Betriebsbesichtigungen/Betriebserkundungen

Beschreiben
Wir beschreiben Gegenstände
Wir beschreiben Vorgänge: Arbeitsanweisung
Wir beschreiben Vorgänge: Bastelanleitung
Wir beschreiben Bilder
Wir beschreiben Personen

Alltagssituationen schriftlich bewältigen
Bestellung nach Katalog
Wir erstellen Inserate
Wir bewerben uns
Wir schreiben einen Lebenslauf
Inhalte wiedergeben
Wir schreiben eine Inhaltsangabe
Klappentexte: Inhaltsangaben, die neugierig machen
Textgebunden schreiben
Textaufgabe: Der Wolf (F. Salvadori)
Textaufgabe: Ladendiebstahl
Textaufgabe: Susanne hat Wut
Textaufgabe: Knackige Bräune -
ein Schönheitsideal wird zum Risiko
Sich mit Problemen auseinandersetzen
Wer kann am besten argumentieren?
Behinderte haben viele Probleme. Zeige Lösungsmöglichkeiten auf!
Naturschutz ist notwendiger denn je! Nimm zu dieser Aussage ausführlich Stellung!

Aufsatzerziehung 7/8

Nr. 864 160 Seiten € 21,50

Row 4 — Aufsatzerziehung 9./10. Jahrgangsstufe

STUNDENBILDER für die SEKUNDARSTUFE

Karl-Hans Seyler

**Aufsatzerziehung
9./10. Jahrgangsstufe**

Textgebunden schreiben
Analyse nichtpoetischer Texte
Sich mit Problemen auseinandersetzen
Textgebunden schreiben
Inhalte wiedergeben

• LEHRSKIZZEN • TAFELBILDER • ARBEITSBLÄTTER
• FOLIENVORLAGEN

DEUTSCH
Schriftl. Sprachgebr. KLASSE: DATUM: Nr.:

Die Erfolgswelle der Schnellimbißketten zeigt deutlich: „Fast food" ist zu einem Bedürfnis des modernen Menschen geworden. Siehst du in diesen Schnellimbißketten eine begrüßenswerte oder eine bedenkliche Erscheinung?

Mustergliederung

A. Einleitung:
Fast food-Ketten wie McDonald's, Burger King u.a. schon in Kleinstädten; riesiger Werbeaufwand

B. Hauptteil: Wie erklärt sich der Attraktivität dieser sich in rasch ausbreitenden neuen Gaststättenart?

I. Vorteile:
- Angebot preisgünstig bei relativ großen Portionen (Kontrolle?)
- Individuelle Zusammenstellung des Essens leichter möglich
- Vorwiegend junges Publikum
- flockere Atmosphäre ohne strenge Vorschriften
- Vertrautheit von Ausstattung und Einrichtung (modern, hell, farbenfroh)
- Organisation aus Kindergartenzeugen u.ä.
- Öffnungszeiten fast rund um die Uhr
- Mobilitäten vom Optischen her sehr ansprechend (Verpackung)
- Gute Verständigungsmöglichkeit in jedem Land (Englisch als Standardsprache)
- Preise für die Energiequalität und begrenzte Speisenauswahl sehr hoch (Werbung; Verpackungsaufwand)
- Zunehmende Uniformierung und Nivellierung der FJ- und Trinkgewohnheiten (Verschwinden nationaler Kulturtraditionen)
- Fast food-Ketten zerstören von der Fassade her oft das gewachsene Stadtbild
- Abhängigkeit vorwiegend junger Leute durch psychische und körperliche Werbestrategien (Slogan, Songs, Werbegeschenke für Kinder)
- Einseitige Ernährung (zuviel Zucker, Fett und Kohlenhydrate, zu wenig Ballaststoffe und Vitamine)
- Gesundheitliche Beeinträchtigungen (mögliche Verdauungsprobleme, Figurprobleme, Konzentrationsschwächen, Vitaminmangelkrankheiten)

C. Schluß:
Fast food-Ketten sind für das bürgerliche Gaststätten zu einer nahezu übermächtigen Konkurrenz geworden.

Inhaltsübersicht:

Inhalte wiedergeben
1. Das Vorstellungsgespräch
2. Die Inhaltsangabe
3. Das Kurzreferat
4. Das Referat
5. Das Protokoll
Textgebunden schreiben
1. Mein schöner Schulalltag
2. Am Fernseher den Magen verdorben
3. Über Frieden
4. Endlagerung am Ende?
5. Analyse nichtpoetischer Texte
6. Die Stau-Gesellschaft
7. Warum, wieso soll jemand uns pflegen?
8. Wenn Europas Wälder schwinden
9. Analyse poetischer Texte
10. Ein Mann fürs Leben (Prosatext)
11. Großstadtmorgen/Augen der Groß-Stadt (Gedichtvergleich)
Sich mit Problemen auseinandersetzen
1. Die Erörterung: Themastellung, Stoffsammlung, Stoffordnung
2. Die Erörterung: Gliederung

3. Aufgaben einer guten Tageszeitung?
4. Bedeutung der Musik?
5. Was spricht für, was gegen Tierversuche?
6. Aufgaben der Werbung?
7. Berufswahl
8. Beseitigung des Mülls
9. Einsatz von Computern
10. Erfolgswelle von Schnellimbissketten
11. Die Erörterung: Einleitung, Hauptteil, Schluss
12. Bau von Kernkraftwerken
13. Kriminalität bei Jugendlichen
14. Jugendalkoholismus
15. „Dinos" - vom Forschungsobjekt zum Verkaufsschlager. Nimm zu dieser Thematik ausführlich Stellung! Untersuche dabei Gründe und Folgen der „Dinomanie"!

Aufsatzerziehung 9/10

Nr. 865 160 Seiten € 21,50

<u>Stand</u> der Preise 2005 - Bitte beachten Sie unsere aktuelle Preisliste!

pb verlag®

Deutsch

Stundenbilder

362	7. Schuljahr	*160 S.*	20,90
363	8. Schuljahr,	*160 S.*	19,90
401	9. Schuljahr,	*148 S.*	19,90

Deutsch integrativ

942	7. Schuljahr	*118 S*	18,50
943	8. Schuljahr	*150 S.*	20,90
944	9. Schuljahr	*1 60 S.*	21,50

Rechtschreiben

487	Rechtschreiben 7.-10.,	*96 S.*	16,90
393	Rechtschreibstrategien 7.-9.		i.V.
543	Mein Rechtschreib-Regelheft		
	Schülerheft, *48 S. DIN A 4*		9,90
	Im Klassensatz nur		6,90

Nachschriften/Diktate   UP

mit abwechslungsreichen Übungen zu den einzelnen Nachschriften. Die Texte greifen Themen aus den Sachfächern auf.

906	7./8. Schuljahr, *96 S.*		16,90
907	9./10. Schuljahr, *96 S.*		16,90

Sprachlehre

434	Sprachlehre 7.-10.	*136 S.*	19,90
483	Sprachlehre KP 7./8.	*96 S.*	16,90
486	Sprachlehre KP 9./10.	*128 S.*	18,90
988	Sprach-Spiel-Spaß 7.-9.	*66 S.*	14,50

Aufsatzerziehung

523	Aufsatzkorrektur-leicht gemacht 5-10		20,50
	Praktische Hilfen zur gerechten Bewertung		
864	7./8. Schuljahr		21,50
	mit Stundenbildern, 160 S.		
865	9./10. Schuljahr		21,50
	mit Stundenbildern, 160 S.		
911	Kreatives Schreiben 7.-10.		16,90
	Techniken, Tipps, Schülerbeisp. 96 S.		
976	Aufsatz - mal anders 7.-10. *80 S.*		15,90
482	Aufsatz 7./8. *80 Seiten*		15,90

485	Aufsatz 9./10. *96 Seiten*		16,90

Begleithefte zu aktueller Jugendliteratur

914	Jugendbücher 9./10. *106 S.*		15,90

Gedichte

427	7.-9. Schuljahr		17,90
	122 Seiten, 17 Gedichte z.B. von Kästner, Rilke, BrittingTucholsky, Fontane, Bachmann, Eichendorff...		
510	10. Schuljahr		15,90
	92 Seiten, 16 Gedichte z.B. von Goethe, Hölderlin, Benn, Brecht, Celan, Hesse, Heym, Huchel, Kästner, George...		

Literatur/Lesen

570	Kurzgeschichte Band I		18,50
	Texte v. Borchert, Böll, Lenz, Gaiser, Dürrenmatt, Langgässer... 120 S., 15 StB, 20 AB, 13 FV		

826	Kurzgeschichte Band II		18,50
	Texte v. Eich, Schnurre, Bender, Andres, Borchert, Böll..., 124 S.		
571	Erzählung, *104 S.*		17,50
572	Fabel/Parabel/Anekdote		21,50
	160 S., 22 StB, 23 AB, 23 FV		
573	Märchen/Sage/Legende, *176 S.*		21,90
574	Satire/Glosse.../Schwank		16,90
	96 S., 13 StB, 14AB, 14 FV		
577	Novelle		20,90
	152 S., 5 Novellen von G. Keller, J. Gotthelf, G. Hauptmann, A. v. Droste-Hülshoff, E.T.A. Hoffmann		
578	Roman		21,50
	172 S., Abenteuer-Roman, Jugend-Roman, Zukunfts-Roman, Kriminal-Roman, Entwicklungs-Roman, Gesellschafts-Roman		
579	Lyrik		19,90
	136 S., 18 Gedichte von Mörike, Hesse, Brecht, Fontane, Goethe, Schiller, Kaschnitz, Jandl...		
580	Texte aus den Massenmedien		20,50
	144 S., Kommentar, Nachrichten, Reportage, Bericht, Werbung - aus Zeitungen, Magazinen, TV, Rundfunk		
581	Triviale Texte *136 S.*		19,90
526	Textknacker 7.-9.		17,50
	Lesetexte besser verstehen, 102 S.		
538	Gründlicher lesen-besser verstehen mehr behalten, *78 S.*		14,90
999	Liebe-und jeder meint was anderes		
	25 Geschichten zum Lesen und Diskutieren 54 S.		12,50

Mathematik

Stundenbilder

340	7. Schuljahr, *160 S.*	€		21,50
	Dezimalbrüche, Prozentrechnung, Terme/Gleichungen, Größen, Proportionalität			
341	8. Schuljahr, *164 Seiten*	€		21,50
	Taschenrechner, Prozentrechnung, Zinsrechnung, Gleichungslehre...			
342	9. Schuljahr, *158 Seiten*	€		21,50
	Geschwindigkeitsaufgaben, Verhältnisrechnung, Gleichungen,...			

Geometrie

343	7. Schuljahr *134 S.*	€		18,90
	Dreiecke, Vierecke, Gerade Prismen,			
344	8. Schuljahr, *144 Seiten*	€		19,90
	Vielecke, Kreis, gerade Körper			
345	9. Schuljahr, *138 Seiten*			19,90
	Konstruktionen, Pythagoras, gerade und spitze Körper, zusammengesetzte Körper Übungen und Rechenspiele			

Lernzielkontrollen
Proben in Mathematik und Geometrie

328	7./8. Schuljahr, *86 S.*	€		15,90
986	9. Schuljahr, *77 S.*	€		15,50

Mathe-Kartei 7.-10. Schuljahr
Übungsaufgaben mit Lösungen zur Lernzielkontrolle, Wiederholung, Partner- u. Freiarbeit

854	Zuordnungen/Einführung	[$]	6,90
897	Zuordnungen/weiterf. Aufgaben	[$]	6,90
855	Größen/Rationale Zahlen	[$]	6,90
856	Prozentrechnen/weiterf. Aufgaben	[$]	6,90
899	Bruchrechnen	[$]	6,90
915	Regelmäßige Vierecke	[$]	6,90

Konzentration/Denksport

Geistreiche und vergnügliche Denkspiele, nicht nur für den Mathematikunterricht

873	Gripsfit 7.-10. Schulj., *78 S.*		15,90

Religion

Unterrichtspraxis Kath. Religion

918	Religion UP 7., *144 S.*		20,50
623	Foliensatz zu Religion 7.	[$]	9,90
919	Religion UP 8. *130 S.*		19,50
618	Religion UP 9./10., *144 S.*		20,50

Ethik

UP nach Themenkreisen

614	In sozialer Verantwortung leben und lernen *110 S.*		17,90
615	Weltreligionen unter religiösen und sozialethischen Gesichtspunkten *120 S.*		18,50
616	Nach ethischen Maßstäben entscheiden und handeln *88 S.*		16,50
617	Ethische Grundfragen in der Literatur *102 S.*		17,50

Erdkunde

Stundenbilder

331	Asien und Afrika		21,50
	160 S., 19 StB, 30 AB, 18 FV		
333	Amerika		21,50
	Topographie,...160 S.		
330	Entwicklungsländer		19,90
	138 S.		
332	Naturkatastrophen		20,50
	144 S.		
870	Russland/GUS		15,90
661	Folien zu Russland/GUS		21,50
	9 Farbfolien, 36 Schwarzweißfolien		

Geschichte

Stundenbilder

312	Neuzeit bis Ende 18. Jahrhundert		21,90
	176 S.		
831	19. Jahrhundert u. Imperialismus		18,50
	112 S.		
832	I. Weltkrieg u. Weimarer Republik		19,50
	128 S.		

€ = Alle Aufgaben in Euro und Cent   [$] = Sonderpreistitel   = Neue Rechtschreibung